LIZU RENMIN LINGXIU WANGGUOXING

黎族人民领袖王国兴

中元秀 著

民族出版社

解放初期的王国兴。

王国兴在西藏自治区成立大会上致祝辞。

王国兴在广东省第一届人民代表大会第二次会议上发言。

1973年王国兴同志在海口市最后的留影。

白沙起义纪念园内有纪念碑和纪念馆。纪念碑高 17.5 米，系花岗岩结构。纪念碑上有海南省民族美术家协会雕刻的《白沙起义》《寻找共产党》《欢庆解放》三件大型浮雕。

海南省人民政府为纪念黎族人民领袖王国兴领导的白沙起义，于 1990 年 1 月建立了白沙起义纪念园。纪念园坐南朝北，后靠德伦山——这是白沙起义第一次筹备会议召开的地点，前面是黎母岭——那是传说中的黎族发源地，东侧是王国兴的出生地——红毛乡番响村，西侧是王国兴墓。

白沙起义纪念园中的纪念馆前的王国兴铜像。

1943 年冬天歃血结盟仪式场景再现。

白沙起义第一次筹备会议场景再现。

白沙起义首领什乒会议尊址。

盛装的黎族姑娘们和各族干部在王国兴铜像揭幕仪式上的合影。

2008 年 10 月，王国兴后代女眷们在红毛乡番响村老家留影。

2008 年王国兴的亲属在清明扫墓后，回到红毛乡番响村老家留影。

少先队员在王国兴墓前举行入队仪式。

2009年《黎族人民领袖王国兴》再版发行座谈会主席台。

目　　录

2019 年再版前言

《黎族人民领袖王国兴》一书在 2009 年再版前，民族出版社给我传来有关部门的审稿意见如下："一个这样严肃的政治历史题材，写得深入浅出，文字优美，生动感人，很难得。"看到这样的评语，我非常感动。当然，我很清楚，这一本传记是许许多多历史亲历者和见证者口述的历史，并非某个人的创作。

那是在 20 世纪 80 年代初，我参加了一个由王震将军主持，在广州召开的重要会议，议题是传达中共中央的重要指示：尽快抢救中共党史的重要历史信息。为此，所有的党史工作者都行动起来了。

这时，中共中央统战部下达了要为王国兴立传的指示。广东省民委主任黄康是琼崖纵队原副政委，他通知我，广东省民委党组已决定把撰写王国兴传的任务交给我。当时的我是民族工作阵线的一名新兵，这对我无疑是一次难得的学习机会，于是我带着忐忑的心情，诚惶诚恐地开始了调研。意外的是，我是如此的幸运，当时，传主王国兴的许多战友都还健在，正是他们的口述组成了《黎族人民领袖王国兴》这本书。而我则荣幸地成为这些英雄的历史口述者的一名记录员。

记得 1980 年冬天，我的调研从五指山区开始起步。海南民委和黎族苗族自治州政府鼎力支持，派出自治州政府干部王家贤全程陪同。王家贤是王国兴的长子，他对五指山区的历史和现状可以说是如数家珍。后来，白沙起义副指挥王玉锦的儿子王雄先，还有黎族最早组建的战斗队队长王正成的儿子王国任也参加进来了。他们不仅是向导，也是翻译，还是保镖。走在崎岖的山路上，除了欣赏旖旎不绝的五指山风光外，还听他们讲了很多从他们的父辈那里听来的故事。王家贤还讲了不少从琼崖纵队司令员冯白驹和副司令员马白山那里听来的非常精彩的战斗故事。

我问王家贤："你在冯白驹司令员身边当勤务员的时候才9岁，能做啥工作呢?"他不无骄傲地说："我要送信，还要找旧报纸做信封，还有……"的确，那时中共琼崖武装部队分散在五指山区的各个山头，相互间的联络既无电台，亦无电话，唯一的联络方式只有人工送信，而送信当然是要翻山越岭的，旧报纸更难找到，一个只有9岁的小战士，要完成这些任务的确很不简单。

因为有他们带路，又有几位黎族姑娘协助，所以我们很幸运地找到了多位参加过白沙起义的老人。

1980年在五指山调研时，笔者与担任向导的红毛乡黎族姑娘的合影。

这些革命老前辈是：

92岁的王老朋在五指山下的茅草房前，神采奕奕地讲述了他是怎样带领毛贵乡的起义队伍参加战斗的。

吉有理和王家芳是王国兴派去找共产党的代表，同时又担任交通员，他们叙述了三次下山去找共产党的艰苦行程。有理大叔听说我是来写王国兴传的，高兴得立即带我去到他们当年找到共产党及其队伍的所在地——临高县和民乡能仁村（今属儋县）。

王玉锦的弟弟王玉林在紧急关头救了王玉锦，使王玉锦及时组织敢死队劫狱，救出了起义总指挥王国兴，白沙起义才能按时举行。

王忠诚在当年是一个少年放牛娃，也是多次白沙起义筹备会议的“哨兵”，起义后，长期跟在王国兴身边，是通信员，也是警卫员。

黎秉刚是支持白沙起义的汉族商人，起义队伍所需的制造火药的原料，很多是他从汉族地区偷运进五指山的。

白沙乡什空村五位参加过白沙起义的苗族老人。

还有想不到的是，在白沙乡找到了起义队伍的领导人之一，烈士符松龄、符亚农兄弟两人的遗孀，听她们讲述了当白沙起义被镇压，敌人开始大屠杀的时候，她们的丈夫为救全村百姓，无畏地走向敌人的屠刀的全过程。残暴无比的刽子手在杀害了两位英雄以后，还向她们每人勒索了 50 个光洋，作为送他们的丈夫“上黄泉的路费”。

当时许多琼崖纵队的老同志还健在，我有幸多次采访了他们：

时任中共临高县委书记冯安全、县长符英华和中共琼崖抗日队伍四支队队长马白山，是最早接待白沙起义代表的几位老红军，他们讲述了和白沙起义的三位代表歃血结盟的经过。

中共琼崖特委首次派往五指山的党代表王茂松（后改名王昌）。

琼崖特委为组建黎民工作委员会派往五指山的朱家玖。

为开辟五指山革命根据地，新组建的白保乐人民解放团副团长郑心梓（后改名郑放）。

他们回溯了亲身经历的过程，描述了那个历史时空中不寻常的人和事。我们的访谈先后有近一周的时间，他们提供了很多宝贵的资料，郑放还给我列出了必须寻找的历史见证人的名单。

后升任琼崖纵队副司令员的马白山，是对王国兴从找到共产党到建设五指山革命根据地、参加开国大典以及此后的所有经历都很了解的历史见证人。当《王国兴传》初稿打印本送到马老手上以后，他在书稿上补充了不少细节。1981 年，当《王国兴传》第一版在琼岛星火编辑部出版时，时任海南军区副司令员的马老写了序言。

琼崖纵队原副司令员庄田①，见证了党中央关于建立五指山革命根据地的指示。1940 年，他带着周恩来接见他时“必须把五指山根据地建设好”的指示回到海南。1981 年，时任广州军区副司令员的庄老，也为《王国兴传》写了序言。

琼崖纵队副司令员、广州军区副司令员庄田（中），琼崖纵队副司令员、海南军区副司令员马白山（左一）与笔者合影，1982 年初摄于海南黎族苗族自治州州府通什镇（今五指山市）。

2009 年，正当《黎族人民领袖王国兴》再版的时候，《人民日报》11 月 30 日发表了题为《中华民族的生命所在·力量所在·希望所在——论全国各族人民大团结》的重要文章。文章的第一段写道：“（一）2009 年，新中国完成一个甲子的转换。年轻的共和国，和这片土地上的各族人民，一起见证了 60 年的沧

① 庄田原名庄振凤，庄田这个姓名是为了应对敌情，周总理帮他改的。庄田是参加过长征的老干部，他和 7 位技术人员跟随周总理到达重庆后，周总理亲自考核庄田，看他是否已经把中央与琼崖特委电台使用的密码，以及所有路途中的联络点及接头暗号等等都已熟记在心，因为路途艰险、关卡重重，身上不能有片纸只字，只能记在脑子里。这次考核结果满分。在最困难的时候，庄田带着党中央的口头秘密指示，携带着报务员、军工技术人员、电台到达了琼崖纵队，在五指山革命根据地的建立过程中立下了汗马功劳。

桑巨变。”“当年，黎族领袖王国兴穿越敌军封锁线，潜渡琼州海峡，辗转香港等地，经过一个多月的跋涉到达北平，在天安门城楼见证了开国大典。”

见证这一重要历史时刻的多位老同志讲述了他们穿越敌军封锁线，潜渡琼州海峡的无比惊险的历程：

1949 年 6 月，这时整个海南还在敌军控制下，中共中央统战部给中共琼崖党委书记、琼崖纵队司令员冯白驹发来电报：“中共中央邀请王国兴到北平参加第一届中国人民政治协商会议和开国大典。”

特委派出新华社驻海南的青年记者冯子平（他是早期琼崖工农红军总司令冯平的侄子）担任秘书兼翻译，全程陪同。又派临高县委副书记朱家玖负责护送渡海。

当我面对老红军朱家玖的时候，很难相信这是一位耄耋老人。他声音洪亮、步伐矫健，非常热情地立即亲自带着我找到了当年那位划着小船，秘密护送他们出海的地下党员女船工黄金女。这位 80 多岁的老太太对当年护送王国兴北上潜渡琼州海峡的惊险历程记忆犹新。

当时，受党中央邀请的还有琼崖纵队代表马白山、琼崖中共地方政权代表李独清，他们几位对王国兴一路北上以及在北京市的活动，都叙述得清楚而详细。冯子平还提供了他和王国兴两人偷渡琼州海峡时使用化名的证件等珍贵的历史文物资料。

在广州市的“红军村”，住着多位琼崖纵队的老红军，有冯白驹的夫人曾惠予、五指山根据地土改工作团总团长祝菊芬和老红军王雁秋等。在初稿打印本分送时，因为数量不多，老同志们有些争先恐后，后来只好“排队看稿”：有的白天看，有的晚上看，甚至分上半夜或下半夜看稿，上、下半夜看的，约定在半夜 12 时交接。几天以后，我便不断收到他们的信件或约面谈的电话。

在本书定稿之前，广州、海口和黎族苗族自治州的老红军、老同志分别召开座谈会，对本书初稿打印本提出了不少修改意见，补充了很多细节。

黎族苗族自治州原副州长陈斯德，曾是五指山苗族的头人，他在自治州的审稿座谈会上深情地回忆起老州长王国兴关心苗族同胞的事迹。他说：“原先苗族同胞历代饱受统治阶级的残酷迫害，被迫躲进深山老林，过着衣不蔽体、食不果腹的悲惨生活。自治州成立前后，王国兴亲自上山动员苗族同胞下山，又动员黎族群众捐衣、捐物、捐口粮、捐土地，帮助苗胞建茅草房，教他们种地。从此苗族同胞定居于五指山下的平原地区，与黎族及汉族同胞团结友爱、亲密无间，生活不断得以改善……”说着说着，只见他泪流满面、声音哽咽，已说不下去了。

的确，王国兴是在血与火的战斗中认识了中国共产党，了解了党的民族政策的，所以他时时处处都注意宣传党的民族政策，维护民族团结。

1949 年 9 月 21 日，中国人民政治协商会议正式开幕时，大会邀请王国兴代表国内少数民族在大会上发言。这是他第一次对国家大事发表意见，他说：“少数民族历来被统治阶级认为只有做奴隶的资格，只有共产党不但分给我们田地，还分给我们参议国家大事的权利。我们只有永远跟着共产党走，跟着毛主席走，我们的前途才会光明灿烂。”

1956 年 9 月 9 日，西藏自治区政府成立大会在拉萨市召开，中央派出 360 人组成的代表团参加，同时选出王国兴作为全国 16 个少数民族地方的代表在大会上发言，对西藏自治区政府成立表示热烈祝贺。

1975 年 1 月初，广东省民委原主任、老红军陈石到医院看望王国兴。已经十分虚弱的王国兴一见陈老，便急切地问：“老石哥，民委什么时候能够恢复呢?”因为各级民委已经在“文化大革命”中被撤销了，当时还没有恢复的消息，陈老只能安慰他说：“快啦，快啦!”

陈老在对我讲述这次会面情景时老泪纵横，他还告诉我：“国兴比我年纪大不少，但是他每次见到我都叫我‘哥哥’。”我明白，这正是王国兴在对汉族干部表达兄弟之情和尊重之意。这时我更明白了，为何我访问过的人，不管是青年干部还是老红军，也包括中共中央统战部副部长张执一，他们常常都说的同一句话是：“国兴和我无话不谈!”

我们从方方面面、时时处处无不感受到王国兴拥护党的民族政策、维护民族团结的精神，直到他生命的终点。他留给后人最后的嘱托是：“你们一定要记住，没有共产党就没有黎族人民的解放，要相信党，要团结汉族干部，要努力学习，努力工作，把自治州建设好。”

解放初期，毛主席在中共中央马列学院礼堂接见海南地区的学员时，曾经高度评价王国兴领导黎族人民举行白沙起义，主动寻找共产党，消灭国民党，建立革命根据地，贡献重大。

冯子平补充的是周恩来总理的评价：“王国兴很淳朴、很忠厚，不像一个少数民族的头人，倒像一个典型的老农民。”

当我访问王国兴的入党介绍人、中共海南黎族苗族自治州原地委副书记赵光炬和原组织部长冯安全的时候，我问：为何中共中央中南局的批文是“批准王国兴同志入党，不要候补期”？两位介绍人的回答是：“这正是党对王国兴同志忠诚革命事业的最确切的鉴定！”

我想，为了确保我所采访的口述历史的准确性，所有以上的访谈最好能够找到文献根据。为此，我必须查阅从基层到中央的各级档案馆中有关传主王国兴的文字资料。

难忘的是我的第一站，王国兴的家乡——琼中县。接待我的是县长王健雄，这是一位年轻、干练的黎族干部。他亲自带我到县档案馆并指示工作人员说：“任务很重要，时间很紧迫，要随时为这位同志开放。”如此顺利真出乎我的意料，当时我想，这是在传主的家乡，在别处就不一定有这么好的运气了，于是当我一路北上的时候，已经做好了应付各种困难的准备。

1980 年，琼中县县长王健雄首次召集红毛乡参加过白沙起义的老同志开座谈会，此是会间小憩时的合影（左 4 为王健雄）。

然而，到了北京市，我又遇到了“意外”。中共中央统战部张执一部长办公室的毛秘书竟然亲自为我查找有关的档案资料，只要他有空，便电话通知我在北京市的临时落脚处——民族文化宫转告我：某日某时到某地查阅档案资料。

在国家民委，我每一次预约要查阅资料的时候，秘书处处长唐明大姐和李建国同志，早已把我需要查找的档案资料袋放在台面上了。

还有，在海口，郑放和王昌两位老红军提供了不少文字资料，其中还包括一些需要一定级别的领导干部才能接触到的机密文档。

中国科学院民族研究所、广东少数民族社会历史调查组、广东省民族研究所（现广东省民族宗教研究院）的老一辈学者们在 20 世纪 50—80 年代对黎族的研究成果，也是本书的重要参考资料。

早在 1953 年 2 月，中共中央华南分局提名王国兴为全国人民代表大会代表时，在推荐书上的评语是：王国兴“是广东少数民族中最突出的领袖人物”（当时海南隶属广东省）。

所以，我完全相信，我访问过的所有提供史料的老红军、老革命以及海南黎族苗族自治州的各族干部们，他们口述的史料都有文档认证或是人证，证明了所有口述都准确无误。

1981 年冬，中央统战部副部长张执一在北京市接见笔者后合影。

中共中央统战部副部长张执一为 1983 年再版的《王国兴传》写了序言，他接见我的时候指出，王国兴“热爱祖国，信赖共产党，坚持民族团结。他为我国各民族的团结，为祖国海防边防的巩固，为海南黎族苗族地区的革命和建设事业做出了重要贡献。他是一位优秀的民族干部，也是一位优秀的共产党员”。同时，张部长一再强调：党中央、毛泽东主席和周恩来总理对王国兴的历史功绩做过很高的评价。

不久，国家文化部王兰西部长接见了我。他指出：王国兴不仅是黎族的英雄，也是我们中华民族的英雄。王国兴的故事应该搬上银幕，歌颂这样的英雄人物是我们文化工作者神圣的天职。王部长还赠我一册苏联电影《夏伯阳》的故事简介，他说，这个故事很精彩，可供参考。遗憾的是，我心有余而力不足，我只写了电视剧本《碧血白沙》，由西安电影制片厂拍了五集电视剧，但那只反映了白沙起义那一段历史，还不是记叙王国兴一生的传记。我真诚希望电影界的有识之士，能够尽快把少数民族英烈们的事迹搬上银幕。榜样的力量是无穷的，它们会植入人们的心田，也定会开花结果。同时，我们还可以向世界展示中国共产党是如何把马克思主义关于民族问题的一系列基本原理运用于中国民族问题的实际，正确地解决中国民族问题的。

1981 年冬，国家民委副主任江平在北京市接见笔者后合影。

也是在这段时间，中共中央统战部副部长兼国家民委副主任江平接见我的时候指出：“王国兴同志的道路是黎族人民解放的正确道路。他一生的奋斗历程展示了近代中国少数民族中的领袖人物和民族英雄的典型形象，展示了王国兴同志从一个自发的反抗者到自觉的革命者，从一个淳朴的民族起义领袖到共产主义战士，从一个少数民族上层首领到自治州州长——人民公仆，走过的是一条艰难曲折的道路。我国各少数民族中都有一些与人民有联系的领袖人物转变为坚持民族团结、维护祖国统一、坚持社会主义道路的自觉革命者，有的还成为共产主义战士。”

江主任还特别强调：“这是中国共产党把马克思主义关于民族问题的一系列基本原理运用于中国民族问题的实际，正确地解决中国民族问题最光辉的成就之一。王国兴道路的最本质的典型意义，就在于以令人信服的事实，证明了这一点。”

1984 年江平主任发表了《实现民族解放的正确道路——推荐〈黎族人民领袖王国兴〉一书》的长篇文章，刊登在当年 7 月的《民族团结》报上。

简传《王国兴》在 1984 年刊载于《中共党史人物传》第 15 卷，2012 年又刊载于《中共党史少数民族人物传》第 3 卷。王国兴和中共党史史册上的党史人物一起，共同见证了风云际会的 20 世纪中国天翻地覆的历史走向，也必将青史永存、万世流芳！

现在，当我们又一次再版这一本《王国兴传》的时候，我们可以自豪地告慰王国兴和他的战友们的在天之灵：在以习近平同志为核心的中共中央的坚强领导下，海南已经不再是当年的那个边陲海岛，它现在是我国的自由贸易试验区，是全面深化改革开放试验区，是国家生态文明试验区，是国家重大战略服务保障区和国际旅游消费中心。海南各族人民将在这片无数先烈曾经洒下热血和汗水的土地上创造奇迹，把海南建设成为经济繁荣、生态宜居、社会文明、人民幸福的美好的新海南！不久，它将成为展示中国风范、中国气派、中国形象的靓丽名片，成为中华民族美丽的四季花园！

当年，王国兴在白沙起义被镇压，黎族人民惨遭血腥屠杀的紧急关头，不屈不挠，历尽千辛万苦，终于找到了他在“梦中见过”的共产党的队伍——红军——琼崖纵队。而今，我们，新时代的海南人坚信，只要我们坚定不移地在以习近平同志为核心的中共中央领导下不懈努力、百折不挠，就一定能够实现中华民族伟大复兴的中国梦！

2018 年 12 月 5 日于广州市

2009 年再版前言

《黎族人民领袖王国兴》（以下简称《王国兴》）在 1981 年 12 月和 1983 年 9 月两次出版。该作的简本《王国兴》被收入《中共党史人物传》第 15 卷。

1983 年 9 月出版的《民族书林》转载了中共中央统战部张执一副部长为《王国兴》一书写的序言，加上了“加强爱国主义，促进民族团结”的标题。在作者落款处，张老的名字上的一个黑框赫然闯入我的视线，顿时悲痛难言。这篇序言不知是不是张老最后的遗作，对于我，它是弥足珍贵的。

张老在中华人民共和国成立后即担任中共中央中南局统战部部长并主管民族工作，同时又被选为全国政协常委。在此期间，他直接参与了海南黎族苗族自治机关的筹建工作，同王国兴有过非常密切的交往，对他非常了解和信任。张老对王国兴的评价是：“襟怀坦白、诚实无华和实事求是”。

28 年前，我在国家民委档案室查阅有关王国兴的历史资料时，曾看到一张 20 世纪 50 年代的便笺，上有张老的签名和批示，大意是给王国兴同志特殊生活困难补贴 400 元。那时，王国兴正以自己的工资供养全家十口人，此外，还要接待大批来访的群众，生活相当拮据。也许正是这几百元的补贴，及时解了王国兴的燃眉之急吧。

当王国兴遭受挫折、被误解、受打击，甚至被扣上“地方民族主义”、被划为“恶霸地主”、被推上“敌我矛盾”的时候，张老亦曾亲自参与调查，给予澄清。

这些事实说明，张老代表党中央，在政治上信任、在生活上关心着王国兴。

1980 年 6 月，张老主持中共中央统战部工作时，下达了要为王国兴写传记的指示，这便是《王国兴》的由来。

记得大约是1981年的冬天，我送《王国兴》初稿上京复命。同时，我还写了一份一万多字的报告，内容是反映海南民族地区“文化大革命”后落实政策中存在的诸多问题，以及王国兴家属存在的实际困难等，与《王国兴》一并送了上去。

几天后，国家民委政策研究室李主任通知我，张老已在我的报告上做了批示，大意是：这份报告写得很好，请报中央书记处并转“内参”。

此时，张老正有恙在身，然却很快就抱病接见了我。他说，感谢我为民族团结做了一件很有意义的工作，使我深受教育与鼓舞。

28年过去了，张老的谆谆教导言犹在耳，每思念至此，都不尽感动与感激。他对我国民族团结大业的有关理论与实践，为民族工作者树立了楷模，值得我们永远学习与纪念。

在送《王国兴》上京复命的同时，我还带去了一个难题，这就是把书名定为《黎族人民领袖王国兴》行吗？

现在看来，这根本不应该成为一个问题。但是在当时，“文化大革命”刚结束，阴霾尚未散尽，而且，当年琼崖党、政、军领导人，也即王国兴的上、下级或老战友们，他们中有不少都经历过“反地方主义”“反地方民族主义”“反右”“四清”等运动，后来又经历了“文化大革命”，曾经被扣上各种帽子，被批、被斗，有人甚至被投入监狱，蒙受不白之冤，现在虽然平反了，但是仍心有余悸。

况且，几十年来，我们的思想已习惯于在一个僵化的领域，一个领袖、一个思想似乎是天经地义的思维格局。现在突然出现一个少数民族的“领袖”，行不行？这是否触动了某处非常敏感的神经，有犯忌之嫌呢？参与审稿的老同志都没有把握，多数以为还是改称“英雄”为妥。

在各级的审稿会议上，我阐述了以下的观点，说明我们为何要坚持将书名定为《黎族人民领袖王国兴》：领袖是历史时势形成的，不应人为地认定，或只有唯一。各行各业、各个时期、各个不同的群体在各自的社会活动中，在历史的进程中，都会自然产生各自的领袖人物，如“工人领袖”“农民领袖”“妇女领袖”“学生领袖”“华侨领袖”“宗教领袖”，等等。那么，为什么一个有着几十万民众的少数民族不会产生自己的民族领袖呢？

我认为，英雄可以有千千万万，而领袖只能是少数。英雄可以创造奇迹，可以英勇无比，而领袖不仅如此，他必定是能一呼百应，在当时、当地以及他所在的群体中占据领导地位，决定着群体的走向，并在历史转折的紧要关头，能够起主导作用的人。

王国兴正是这样的人。我们纵观王国兴的一生，他的全部经历，他在黎族群众中的威望，他在武装起义以及起义失败后在寻找共产党的过程中的决定作用等，都说明，领袖的地位非他莫属，是任何人都替代不了的。王国兴当然是黎族人民的英雄。但是，“英雄”还不足以涵盖他的全部特质，只有称他为“黎族人民领袖”才是还历史以真实。

当时任广东省民委党组书记兼民委主任的黄康，是琼崖纵队原副政委，对王国兴也是非常了解和熟悉的。审稿会后，他对我说，还是到北京市请示中央吧！

令我受到鼓舞的是，在中共中央统战部和国家民委，我得到的答复是，《王国兴》受到领导的肯定和赞扬。我明白，就是说，有关“领袖”的疑问已经迎刃而解，我如释重负。

时任中共中央统战部副部长兼国家民委第一副主任的江平指出：“白沙起义是黎族人民革命史上的光辉篇章，白沙起义的总指挥王国兴同志作为黎族人民领袖而名垂青史，是当之无愧的。”

1984 年 7 月，江平同志在《民族团结》报上发表了《实现民族解放的正确道路——推荐〈黎族人民领袖王国兴〉一书》的长篇文章，从理论上高度概括了白沙起义的历史意义和王国兴作为黎族人民领袖的历史功绩。这篇文章对于人们更深刻地理解中国共产党关于民族问题的理论和政策，理解中国各民族必须共求解放的历史道路等重大原理是大有裨益的。为此，现将它收录入本书，以飨读者。

1983 年秋，《王国兴》刚出版不久，我因公到京，住在中共中央统战部招待所。一天，我在食堂用餐时，一位藏族同志向我走来，热情地与我打招呼并自我介绍说：“我是平措汪杰。”① 突然，他用标准的普通话背诵起来：“一批批打着革命旗号、喊着革命口号的人将干部们揪出去游街示众，推来搡去，拳打脚踢，就像是玩弄一些没有生命的物体。”

我马上意识到，他是在背诵《王国兴》中有关“文化大革命”的一段。

① 平措汪杰时任全国人大常委、全国人大民委副主任委员。

我没有想到，一位藏族干部在读《王国兴》时竟然产生如此强烈的共鸣。我惊奇地望着他，不知说什么才好。他接着说："写得很真实，谢谢你为少数民族写了一本好书。欢迎你到西藏去，也为我们藏族写点东西好吗？"

25 年过去了，平措汪杰那殷殷的真情流露，至今依然历历在目。从西藏到海南相隔万水千山，一位藏族干部对一位黎族干部所表达的深情，正说明了我们祖国民族大家庭的各民族是如此息息相关、休戚与共、血脉相连。

也是在那段时间，国家文化部王兰西部长在接见我时说，希望我能将《王国兴》改编成电影剧本。王部长还赠给我苏联电影《夏伯阳》的剧本，在扉页上写了赠言。他说，这个剧本不错，可以作为参考。

不久，我写了电视剧本《碧血白沙》，拍了五集电视剧。不过，那只是写了白沙起义这一段历史，并不是一部反映王国兴生平的传记。

1987 年，海南黎族苗族自治州人民政府在王国兴的家乡红毛乡番响岭村修建了白沙起义纪念碑，后扩建为白沙起义纪念园。1990 年，海南省人民政府确定该园为省重点革命纪念建筑物保护单位。2006 年，国家民委将白沙起义纪念园命名为"全国民族团结进步教育基地"。

这些以国家的名义为白沙起义先烈们立下的历史丰碑，寄托着后辈们永远的追思！可以说，这正是对王国兴一生最好的诠释，也是百万黎族人民的心声。先辈们留下的宝贵精神财富，定将生生不息、永世流传！

2008 年 9 月

长春—海口

1981 年版前言

海南岛五指山区是黎族和苗族人民世代聚居的地方。抗日战争期间，琼崖国民党反动军队和政府机关蜂拥逃入五指山区，给黎族和苗族人民带来了无穷的灾难。

1943 年 7 月，有着光荣革命传统的黎族人民不堪国民党反动派的残酷压迫，揭竿而起，数万名手持粉枪、弓箭、砍刀和棍棒的黎族群众愤怒地杀向国民党反动派，打得敌人尸横遍野，狼狈而逃。这就是著名的白沙起义。

这次起义为开辟五指山革命根据地创造了有利的条件，从而也为琼崖抗日战争和解放战争的胜利以及最后解放全岛创造了有利的条件。白沙起义在海南革命斗争史上有着重要的地位，同时，也是我国少数民族革命斗争史上极为光辉的一页。

白沙起义的主要组织者和领导者就是黎族人民的领袖王国兴。王国兴原是黎族的一位头人。从头人到起义总指挥是一个很不寻常的转折，而从一位自发起义的领导人成为一名无产阶级先锋战士，则更是难能可贵的。在黎族人民遭到空前灾难之时，他怀着对人民群众无比深厚的感情，为解救民族苦难，以大无畏的勇气和非凡的智慧，毅然决然地与王玉锦等人率众起义，以简陋的原始武器抗击全副武装的敌人。起义失败以后，他誓死不降，继续高举旗帜，率队坚持斗争，最后找到了革命的引路人——中国共产党。他的行动顺应历史潮流，代表了人民群众的利益和愿望。

王国兴一贯忠诚革命事业，在艰苦的战争年代，他始终如一地带领黎族人民跟着共产党走，态度坚决，表现积极，作用突出，贡献重大。他不愧是中国少数民族中一位杰出的英雄人物。

党和人民对王国兴非常信任，并给予他极高的荣誉。1949 年，当海南岛尚未解放的时候，党中央就邀请他参加全国政治协商会议和开国大典；当海南黎族苗族自治州成立的时候，他荣任自治州第一任州长。海南解放后，他历任中共海南黎族苗族自治州州委副书记，中国人民政治协商会议全国委员会委员，中央民族事务委员会委员，全国人民代表大会第一届、第三届代表，中南行政委员会委员，中南民族事务委员会委员，广东省人民政府委员，广东省民族事务委员会副主任，广东省政治协商会议委员会委员，海南军政委员会委员，海南民族事务委员会副主任，海南行署副主任，海南黎族苗族自治州革委会副主任等职务。

王国兴同志竭尽全力地为黎族人民、为海南黎族苗族自治州的建设事业，同时也是为全国各族人民的团结大业做出了重大贡献。他是英雄的黎族人民的领袖和杰出的代表。

遗憾的是，在中华人民共和国成立后的一段时间里，由于党在指导方针上有过严重的失误，民族工作受到“左”倾错误的干扰，使民族地区受到了损害，也使王国兴的积极性受到很大挫伤，因而未能更好地发挥应有的作用。特别是在“文化大革命”中，王国兴同志备受林彪、“四人帮”的残酷迫害，以致含冤逝世。

《中国共产党中央委员会关于建国以来党的若干历史问题的决议》指出：“在民族问题上，过去，特别是在‘文化大革命’中，我们犯过把阶级斗争扩大化的严重错误，伤害了许多少数民族干部和群众。在工作中，对少数民族自治权利尊重不够。这个教训一定要认真记取。”希望这一部远非完善的传记，能够使我们在缅怀白沙起义的先烈们和缅怀黎族人民这位杰出的代表的同时，也从侧面透视一下我们在民族工作中曾存在过的一些问题和应该吸取的教训。

白沙起义至今已经 38 个春秋，王国兴离开我们也已经 7 个年头了。当人们仰望高入云端的五指山峰，环顾方圆万里、山峦起伏、群山环抱的海南黎族苗族自治州的时候，都一定希望在英雄们洒下鲜血的地方建立起一座永久的纪念碑！它将会提示人们永远铭记创造新中国的各族优秀的儿女们！

白沙起义死难烈士永垂千古！王国兴的革命精神将与巍峨的五指山峰同

在！他们像不灭的火光，永远闪烁在五指山的群峰之巅，永远激励着海南黎族人民和苗族人民跟着共产党，向着伟大的目标前进！

1981 年 9 月

1983 年版序

张执一①

我与王国兴同志相识是在三十多年前。初次见面时，他那淳朴的外貌、憨厚的性格就给我留下了深刻的印象。全国解放以后，我在中共中央中南局主管民族工作，也曾到过海南黎族苗族聚居地区，参与了该地区黎族苗族自治机关建立的筹备事宜，代表中南局检查该地区党的民族政策执行情况，因此同国兴同志有过较为密切的交往，也因此加深了彼此的了解和信任，建立了同志式的友谊。他每逢到中南民族事务委员会或中央民族事务委员会开会，以及参加全国人民代表大会时，都要来看望我，并向我反映各方面的情况，特别是反映民族政策执行情况。不仅我在中南局工作时如此，就是我调到中央机关工作后也是如此。我感到国兴同志对汉族干部很尊重，对下级干部非常关心，能同群众打成一片，在自治州民族干部和群众中有着很高的威望。他经常坦率地向我和其他领导同志反映自治州存在的困难和问题，提出了许多很好的建设性的意见，他那襟怀坦白、质朴无华和实事求是的精神是很感人的。

王国兴同志是黎族人民的杰出代表，他在抗日战争期间领导黎族人民举行了武装起义，沉重地打击了破坏抗日战争、坚持反共立场的琼崖国民党反动势力。起义失败以后，他不屈服于敌人的压力，历尽千辛万苦寻找共产党，在中国共产党的领导下坚持斗争，为海南抗日战争、解放战争的胜利做出了重要的贡献。党中央和毛泽东同志、周恩来同志对王国兴同志的历史功绩做过很高的评价。

---

① 张执一时任中共中央统战部副部长。

王国兴同志参加革命以后，能自觉地接受党的领导和教育，政治水平和思想觉悟不断提高，终于成为一名无产阶级的先锋战士。他热爱祖国，信赖共产党，坚持民族团结，为我国各民族的团结、祖国海防边防的巩固、海南黎族苗族自治地区的革命和建设事业做出了贡献。他既是一位优秀的民族干部，也是一位优秀的共产党员。

我国是一个多民族的国家，坚持民族平等，反对民族歧视和压迫，实行民族区域自治，诚心诚意帮助少数民族发展经济建设和文化事业，是我党一贯的民族政策。中华人民共和国成立以来的实践证明，党的民族政策是完全正确的，赢得了全国各族人民的衷心拥护，取得了伟大的成功。这一点在国兴同志身上也得到了体现。

后来，由于我们在民族工作中犯了“左”倾的错误，把阶级斗争扩大化，因而伤害了包括王国兴同志在内的许多少数民族干部和群众，使他们的积极性受到挫伤，使党的工作遭受了不应有的损失，教训是很沉痛的。在“文化大革命”中，林彪、“四人帮”在民族问题上制造了一系列反马克思主义的谬论，制造了大批骇人听闻的冤、假、错案，对少数民族干部和人民群众实行残酷的迫害，他们破坏民族区域自治，侵害少数民族人民的利益，给少数民族人民造成了深重的灾难，严重地破坏了民族团结，加深了历史上遗留下来的民族隔阂，破坏了党的民族政策，其后果严重，是惨痛的教训。

值得提出的是，王国兴同志虽然在“文化大革命”中遭受了严重迫害，但是他的革命信念丝毫没有动摇，他一如既往地热爱祖国、热爱党，深信党的民族政策一定会重新落实。这是很可贵的政治品德。

给王国兴同志写传记，不仅是表彰他个人，而且是为了我国各民族团结的伟大事业。在我们伟大祖国的历史发展中，各民族人民都做出过自己的贡献，各民族人民共同开拓了祖国辽阔的疆域，共同发展了祖国的经济，共同创造了灿烂的古代文化。在近代，我国各族人民团结战斗，一起反对帝国主义的侵略和压迫。在中国共产党的领导下，在民主革命以及社会主义革命和建设事业中，各族人民都做出了自己的贡献，在少数民族当中涌现过许多英雄人物和优秀的民族干部，应该将他们的光辉业绩记载下来，表彰他们、学习他们，并给下一代留下信息。这是一件对民族团结事业很有意义的工作。《黎族人民领袖王国兴》的作者中元秀同志满怀革命的热忱，深入民族地区，特别是到王国兴同志生长与战斗的五指山区做调查研究，尽可能找到当年同王国兴同志一道奋斗的黎族革命老人，对同王国兴同志共过事的、他的上级领导同志或是他的部下，以及许多老干部与老党员做过详尽的访问，是花了不少劳力与心血的。这本书文笔流畅、叙事简明，值得青年革命者，特别是民族干部与从事民族工作的干部以及研究历史的同志们一读，我在这里特向大家推荐。

党的十一届六中全会指出："改善和发展社会主义的民族关系，加强民族团结，这对于我们这个多民族国家具有重大意义。"我们一定要坚决贯彻党的民族政策，加强民族团结，巩固祖国统一，维护边疆、少数民族地区的安定，充分调动少数民族人民的社会主义积极性，为把我国建设成为社会主义现代化强国而努力奋斗。

1982年10月12日于北京市

1981 年版序

庄　田①

我怀着十分激动的心情，一口气读完了《黎族人民领袖王国兴》一书。此时此刻，在我眼前展示了一幅史诗般的壮丽图景，那巍巍五指山上的红色云霞，仿佛又在我的眼前飘动，当年黎族、苗族人民向国民党顽固派冲锋的号角声，仿佛又在我的耳畔回响。

五指山是一个具有重要战略地位的地方，黎族、苗族人民是一个热爱劳动、骁勇善战、有革命传统的群体。在抗日战争时期，五指山黎族人民因无法忍受国民党顽固派的残酷压迫，在我党的影响下，在王国兴同志的领导下，举行了大规模的反对民族压迫，争取民族自由和解放的武装起义。这次起义给国民党顽固派以沉重的打击，有力地配合了我琼崖抗日独立队打退国民党顽固派的反共高潮，粉碎了日寇对我平原游击根据地的“清剿”“扫荡”，为我军胜利挺进五指山，开辟革命根据地，为抗日战争和解放战争的胜利，最后解放海南岛创造了有利的条件。五指山黎族人民的起义不仅在海南革命斗争史上有着重要的地位，而且在我国少数民族革命斗争史上也有着重要的地位。

王国兴同志是海南少数民族人民的杰出代表，他坚持真理，爱憎分明，对国民党顽固派的血腥统治怀有深仇大恨，对自己的民族兄弟所遭受的压迫给予满腔同情。他坚定地与黎族、苗族人民站在一起，勇敢地领导他们挣脱国民党顽固派统治枷锁，争取民族自由和解放，并在斗争的过程中使自己经受了锻炼与考验，提高了政治觉悟，由一位谋求本民族解放的战士变成为一

① 庄田时任广州军区副司令员，琼崖纵队原副司令员。

位谋求中华民族解放的无产阶级先锋战士，因而受到了五指山黎族、苗族人民和海南人民的崇敬和爱戴。

王国兴同志热爱中国共产党，坚信只有跟着共产党走，黎族、苗族人民才能获得彻底的翻身和解放。在起义遭受挫折的艰难岁月里，他曾多次派出自己的代表四处寻找共产党，最后终于历尽艰险，冲破重重困难，找到了琼崖抗日独立队，并在党的正确领导下，取得了斗争的胜利，实现了黎族、苗族人民谋求民族自由和解放的愿望。全国解放以后，王国兴同志无限忠诚于党的事业，坚定地带领五指山黎族、苗族人民贯彻执行党的方针政策，坚定不移地走社会主义道路，使贫穷、落后的五指山区发生了翻天覆地的变化，到处呈现欣欣向荣的新景象。

然而，令人痛心的是，这位黎族人民的英雄、忠诚的儿子却在“文化大革命”中遭受林彪、四人帮反革命集团的残酷迫害而含冤去世了。王国兴同志的逝世是海南少数民族人民和海南人民的一大损失，也是我党的一大损失。王国兴同志的丰功伟绩和崇高品德将永远留在我们心中，激励着我们紧密地团结在党中央的周围，同心同德、齐心协力，把我国建设成为具有现代农业、现代工业、现代国防和现代科学技术的社会主义强国。

最后，我们要感谢作者中元秀以辛勤的劳动，写出了《黎族人民领袖王国兴》这部革命史书。她热情地讴歌了五指山黎族、苗族人民和王国兴同志的革命斗争事迹，为我们的后代留下了十分宝贵的革命财富。

王国兴同志永垂不朽！

1981 年 11 月 21 日

1981年版序

马白山①

读了《黎族人民领袖王国兴》，如闻其声，如见其人。当年与王国兴同志歃血为盟、共斗顽敌的情景，虽经38载，依然历历在目。

王国兴同志不愧为我国少数民族的杰出人物，黎族人民的英雄儿子，在琼岛抗日战争进入艰难的阶段，国民党军队退缩五指山区，百般鱼肉黎族、苗族人民。当此民族生死攸关的危急关头，王国兴挺身而出，抱着鸿鹄之志，以一柱擎天的气魄，率领数万群众，高举义旗，以风卷残云之势，把顽敌扫得人仰马翻，起义队伍声威大震。

白沙起义是一场正义的斗争，代表了各族人民的利益，白沙起义在接受了共产党的领导之后，它所点燃的革命火种，放射出了更加灿烂夺目的光芒，为创建五指山革命根据地，迎来抗日战争和解放战争的胜利，立下了不可磨灭的功勋。这就是白沙起义的历史作用，这就是王国兴同志的重大贡献。

王国兴同志的难能可贵之处在于他对共产党的信仰，对革命事业的忠诚，紧紧依靠各民族团结的力量。在战争年代，他是这样，在建设时期，他也是这样。他是从血与火的搏斗中认识这些真理的，他是在残酷的斗争与严峻的考验中实践的。起义受到挫折时，他多次派人寻找共产党。从此以后，在党的领导下，坚持斗争，直到胜利。在中国人民政治协商会议上，他的发言道出了各族人民的心声："我们只有永远跟着共产党走……我们的前途，才会光明灿烂。"当他成为一名无产阶级先锋战士——共产党员时，他发出了肺腑之言："这是我参加革命以来所盼望的，我永远同党一条心。"尽管在"文化大

① 马白山时任海南军区副司令员，琼崖纵队原副司令员。

革命”中他受到了难以想象的折磨，但是他相信总有一天“党会来救我的”。在他弥留之际，他对儿女们说：“你们一定要记住，没有共产党就没有我们黎族人民的解放，你们要相信党，要团结汉族干部，要努力学习、努力工作，把自治州建设好。”王国兴同志的革命精神是何等感人啊！

《黎族人民领袖王国兴》文从字顺，王国兴的英雄形象跃然纸上，生动而又真实地反映了这位人民英雄的一生，值得我们，尤其是青少年一代好好一读。

王国兴同志不仅是黎族人民的骄傲，也是海南人民的骄傲。各族人民、各族干部、共产党员，紧密地团结在党中央周围，同心同德，一定能把自治州建设得更好，为宝岛增添光彩。

1981年11月12日

实现民族解放的正确道路[①]

——推荐《黎族人民领袖王国兴》一书

江 平

1984年7月18日（农历六月十九日），是黎族人民领袖王国兴同志诞辰90周年，8月13日（农历七月十七日），是王国兴同志领导海南岛黎族人民，反抗国民党的民族压迫政策，举行著名的白沙起义41周年。借这个机会，向从事民族工作和民族史研究工作的同志们以及广大读者推荐《黎族人民领袖王国兴》（以下简称《王国兴》）一书，借以表达对王国兴同志的深切怀念和对白沙起义的赞颂。希望在这本书的启示下，能有更多的关于反映少数民族领袖人物及其英雄业绩的同类书籍问世，进一步充实和丰富民族团结教育和爱国主义教育的内容，使这一教育在广度和深度上达到一个新的水平，更加适应进一步发展国内各民族之间平等、团结、互助的社会主义民族关系，适应建设社会主义民主这一伟大历史任务的需要。

《王国兴》这本书是广东省民族研究所中元秀同志编写的，由民族出版社于1983年9月，即白沙起义40周年纪念之际出版发行的。全书记述了黎族人民的杰出代表王国兴同志的一生，突出地描述了王国兴同志领导白沙起义和走向革命道路的经过，读后给人留下了深刻的印象。值得特别提出的是，这本书虽然写的是王国兴同志的一生，但是从一个侧面反映了我国各民族联合斗争，反对共同的国内外敌人，共求解放的历史事实，以及在解放后一起建设我们的伟大国家的历史事实。作者用朴实的语言、真切的史实记述了白沙起义的壮烈场景，刻画了以王国兴、王玉锦等同志为代表的黎族英雄形象，描绘了他们为争取民族生存和解放，寻找党的领导所经历的艰辛以及在党的领

① 本文原载于1984年7月的《民族团结》。

导下所进行的不屈不挠的顽强斗争，赞颂了黎族人民勤劳、勇敢和酷爱自由的民族特质，揭露了反动统治者实行民族压迫的残暴和野蛮，讴歌了这些长期遭受残酷压迫的少数民族在中国共产党的民族政策的指引下，经过艰苦斗争终于获得胜利的光荣历史。读了这本书，对于理解马克思列宁主义、毛泽东思想关于民族问题的理论，中国共产党的民族政策，中国各民族必须共求解放、共同建立新中国的历史道路，都是大有裨益的。

这里谨就《王国兴》这本书所反映出来的关于白沙起义的历史意义和王国兴道路的典型意义这两个方面谈点体会。

白沙起义的历史意义

1943 年 8 月 13 日（农历七月十七日），海南岛白沙县的黎族人民在王国兴、王玉锦等人的领导下，举行了声势浩大的全县总暴动，反抗国民党的反动统治，给了国民党在琼崖的军政势力以沉重的打击，客观上有力地配合了我党领导的琼崖纵队和琼崖各族人民的抗日斗争。这就是著名的白沙起义。这次起义对于黎族社会的发展和黎族人民的彻底解放，对于海南岛抗日战争和解放战争的胜利起了重要作用，具有深远的历史意义。

黎族是我国境内历史悠久的少数民族之一，很早以前，黎族的祖先就在海南岛繁衍、生息，耕织、养殖，为开发祖国的南疆宝岛，进行着辛勤劳动。秦汉以来，历代中原封建王朝逐步在海南岛设州置县，派遣官吏，进行开发经营，同时也不断有汉族人民迁居岛上。在长期的历史发展进程中，迁居岛上的汉族人民和当地黎族、苗族人民互相学习、互相帮助，共同开发了被称为丛莽之地的海南岛。但是，不应否认，历代封建王朝在海南岛是奉行民族压迫政策的，黎族、苗族劳动人民长期处于汉族统治阶级和黎族、苗族统治阶级双重压迫、剥削之下，境况是十分悲惨的。所以海南岛各族人民的抗暴斗争史不绝书。据史籍记载，从公元 1076 年至公元 1368 年的近三百年间，海南岛以黎族农民为主力的大规模起义达八十多次。有的起义一次出动的武装群众就达几十万人。历史事实是，这些起义常常是黎、苗、汉各族人民联合进行的。这是海南岛民族关系史上的一个特点，也是我国民族关系史上的特点之一。到了近代，特别是在中国共产党领导的反帝反封建的民族民主大革命进程中，这个特点就更加显著了。

王国兴同志领导的白沙起义一开始就以“打国贼”，给黎族人民“闯出一条生路”为口号，是一次具有民族主义色彩的抗暴起义。这次起义的组织者和领导者中既有汉族人，也有苗族人，有的地方，整村的苗族群众全部参加了起义战斗。在起义的准备过程中，还得到一些汉族商人的物资和火药等方面的资助。所以这次起义既继承和发扬了历史上黎族人民抗暴起义的光荣传统，又反映了近代我国各民族联合斗争，反对共同的敌人，共求解放的特点。这次起义同历史上的任何一次起义都不相同，它的本质区别就在于有了共产党的领导。历史上海南岛各族人民的抗暴起义中，尽管有些起义曾经震撼海南岛，给反动统治阶级以沉重打击，但是在统治阶级的强大武力镇压下，最终都归于失败。而王国兴同志领导的白沙起义虽然在国民党顽固派残酷镇压下，曾遭受严重挫折，但是由于接受了中国共产党的领导，不仅没有被镇压下去，而且不断发展，成为彻底的民族解放运动，取得了最后胜利，极大地推动了黎族、苗族社会的发展。黎族、苗族人民以这次起义为起点，在中国共产党的领导下，实现了跨越资本主义而走上社会主义康庄大道的飞跃。

马克思列宁主义指出，在帝国主义和无产阶级革命时代，民族问题不再是资产阶级民主革命的一部分，而是无产阶级社会主义革命总问题的一部分。在半封建半殖民地的旧中国，当中国共产党成立并且成为中国革命的领导核心以后，中国的民族问题就成为中国共产党领导的中国革命总问题的一部分。这时，国内的民族运动只有步入这一革命的轨道，并且服从这个革命的总体利益，才是进步的，才能取得真正的胜利，实现民族的彻底解放。这是帝国主义和无产阶级革命时代民族运动发展的普遍规律。

白沙起义发生在 1943 年 8 月，当时在海南岛的各种政治、军事势力分属两大阵营，一方面是日本侵略军和国民党琼崖军政当局勾结在一起的反动阵营，另一方面是以琼崖共产党为领导核心的抗日武装和各民族人民组成的抗日民族、民主革命阵营。两大阵营之间进行着殊死搏斗。在这种历史背景下，王国兴等同志发动黎族人民举行白沙起义，打“国贼”，实际上也是对日本侵略者的打击。这在客观上配合了琼崖共产党领导的抗日战争，也鼓舞了海南岛各族人民反抗日本帝国主义和国民党反动统治的斗志。白沙起义的这种性质和它所起的客观作用，是由当时的历史条件所决定的。它后来汇入中国共产党领导的中国各民族人民大革命的洪流，成为这次革命的组成部分，这是历史发展的必然，也是符合当时国内民族运动发展的规律的。因此，白沙起义具有历史上黎族人民的任何一次抗暴起义所没有，也不可能有的革命性质，反映了在新的历史条件下黎族人民的新觉醒。

海南岛五指山区是黎族、苗族聚居的地区，处于海南岛腹心位置。白沙县是五指山区的中心，在这里建立革命根据地，具有重要的战略意义。1940年11月7日，党中央对琼崖工作的指示中就指出："五指山脉一带山地，将是我们长期抗战的最后的可靠根据地，其他沿海地方都有敌伪盘踞的可能，只有有了黎民山地作为我军的巩固后方，我们才能支持长期抗战。"王国兴同志发动白沙起义，并派人历尽千辛万苦，找到琼崖特委和琼崖纵队，请求共产党去解救黎族人民，这就为我军进军白沙，开辟五指山革命根据地，提供了极好的政治条件和群众条件。后来的事实证明，五指山区的黎族、苗族人民把自己的命运、民族的兴衰，同共产党、人民军队的命运紧紧地联结在一起，在极其严酷的斗争中，在十分困难的情况下，始终表现出对共产党、人民军队的无限信赖，对革命的无限忠诚。关于这一点，在《王国兴》一书中有翔实而感人的叙述。由于有这样坚实的群众基础，五指山革命根据地成为进可攻、退可守，任何力量都攻不破、打不垮的革命堡垒，成为海南岛革命的中心和可靠的后方。这个革命堡垒的奠基礼炮是由白沙起义首先打响的，这是白沙起义的历史功绩，也是王国兴等同志的历史功绩，它作为中国各族人民革命史册的光辉篇章，永远为人民所颂扬和纪念。

白沙起义中得到锻炼的一大批黎族、苗族勇士，是当时开辟五指山革命根据地的骨干，为后来大量地培养黎族、苗族干部，实行民族区域自治，发展黎族、苗族地区的革命和建设事业，做了组织上的准备。1948年年底，琼崖区党委根据党的民族政策和党中央关于实行民族区域自治的指示，将白沙、保亭、乐东等县划为琼崖少数民族自治区，并于1949年2月在白沙县毛贵乡成立琼崖少数民族自治区行政委员会，王国兴同志任行政委员会副主任委员，白沙起义中的许多骨干担任了行政委员会委员或其他职务，成为行政委员会的第一批干部。从此，海南岛黎族、苗族人民在历史上第一次成为自己命运的主人，永远摆脱了毫无政治权利、任人宰割的地位，走上了在共产党领导下当家做主、建设幸福的新生活的光明大道。

王国兴同志的道路是黎族人民解放的正确道路

白沙起义是黎族人民革命史上的光辉篇章，白沙起义的总指挥王国兴同志作为黎族人民领袖而名垂青史，是当之无愧的。《王国兴》一书记述的王国兴同志一生的奋斗历程和业绩，展示了近代中国少数民族中的领袖人物和民族英雄的典型形象，展示了王国兴同志从一个自发的反抗者到自觉的革命者，从一个淳朴的民族起义领袖到共产主义战士，从一个少数民族上层首领到自治州州长——人民公仆，走过的是一条艰难曲折的道路。这是一条正确的、符合历史发展方向的道路。沿着这条道路，黎族人民得到了彻底解放。我国各民族人民都是这样走向彻底解放的。沿着这条道路，我国各少数民族中都有一些与人民有联系的领袖人物转变为坚持民族团结、维护祖国统一、坚持社会主义道路的自觉的革命者，有的还成为共产主义战士。这是我党把马克思主义关于民族问题的一系列基本原理运用于中国民族问题的实际，正确地解决中国民族问题的最光辉的成就之一。王国兴道路的最本质的典型意义，就在于以令人信服的事实，证明了这一点。

王国兴同志出生于1894年，去世于1975年。这80年，正是中国社会发生极其深刻的巨大变化的年代。这80年分为三个时期，即旧民主主义革命、新民主主义革命、社会主义革命三个时期。中国社会的半封建半殖民地性质决定了中国的民族资产阶级不能领导各民族达到解放，不能为中国的民族运动指出正确的、走向彻底胜利的道路。只有工人阶级领导的民族运动，才为中华各民族指出了彻底解放的道路。这就是中国各民族人民在工人阶级（经过中国共产党）领导下，平等地联合和团结起来，以工农联盟为基础，结成广泛的民族统一战线（并同世界人民和平等待我的国家联合起来），共同进行反对帝国主义、封建主义和官僚资本主义的彻底的斗争，建立工人阶级领导的以工农联盟为基础的人民民主专政的统一共和国。对外彻底消灭帝国主义对中国各民族人民的压迫，对内彻底消灭国内民族压迫制度，实现各民族的彻底解放和真正平等。[①] 王国兴同志所走的正是这样一条康庄大道。白沙起义走上这条道路的关键性一步是王国兴同志决定的，而这关键的一步又决定了王国兴同志后半生的道路。

“感觉到了的东西，我们不能立刻理解它，只有理解了的东西才更深刻地感觉它。”[②] 今天，在白沙起义 40 年后，海南岛黎族、苗族等各族人民正在党的领导下，为把我们伟大的祖国建设成为现代化的社会主义强国，为我国各民族进一步的共同繁荣而团结奋斗的时候，我们更加感觉到王国兴所走的道路是正确的。因此，《王国兴》这本书是值得推荐的。作者为编写这本书，做了大量的调查研究和考证，付出了辛勤的劳动，为加强民族团结，做了一件扎扎实实的工作。这种精神是值得赞扬和学习的。

---

① 参见李维汉：《中国各民族解放的道路》，载《中国民族》，1979（5）。

② 毛泽东：《实践论：论认识和实践的关系——知和行的关系》，载《人民日报》，1950－12－29。

海拔 1867 米的五指山五峰如指，似银笋玉柱耸立在海南岛的中央，是海南岛的象征。这里就是黎族人民领袖王国兴诞生、成长、战斗，并为之奋斗终生的地方。

第一章　峒长之子

幼　　年

光绪二十年，即公元1894年农历六月十九日，在海南岛五指山区的白沙县（今属琼中县）红毛峒番响村，黎族峒长、大总管王政和的妻子生下一名男孩，取名王妚兴。他就是后来的黎族人民领袖、人民英雄王国兴。

番响村全景。

不知是偶然的巧合，还是后人所编的故事，村里人传说王国兴出生的时候，一块巨石从天而降，坠落在村头，地动山摇，火光四射，于是迷信鬼神的黎族人都视这小儿为不祥之物。王政和夫妇更加惶恐，以为他是“灾星”，想不要他。毕竟是母亲的心肠软，怎么也舍不得这块亲骨肉，便悄悄带他到外婆家“躲灾”去了。[①]

一年以后，母子两人回到番响村，但“灾星”好像又随着回来了。幼年的王国兴骨瘦如柴、不思饮食、日夜啼哭。他的父母并不知道孩子生了病，他的父亲还以为这是灾难降临的象征，有一天竟下狠心将小国兴丢到山沟里去了。在小国兴即将断气的时候，他母亲不忍心又跑去将他抱了回来，居然把他救活了。就这样，小国兴在亲人们疑虑重重而又格外疼爱的氛围里慢慢长大了。

王姓由来

王政和是祖传的峒长。峒原先是黎族的社会组织，是以血缘为纽带的，后来演变为地域性的组织。峒的划分往往以河流、山岭为界。峒有峒长，由各血缘集团的长者担任。

相传约于清朝康熙年间，统治阶级推行“以夷制夷”的政策，委封了黎族的行政长官，大峒的峒长封为总管，小峒的峒长封为哨官，更小者为头家。在几个总管中又委一人为大总管，王国兴的高祖父已经是大总管了。总管和哨官大多是世袭的。《黎岐纪闻》记载：“黎头辖一峒者为总管，辖一村或数村者为哨官，大抵父死子代，世代相传，间或有无子而妻代之及弟代之者。”后国民党改称正、副团董，再后又改称正、副乡长。但黎族百姓仍习惯旧的

---

① 根据对黎族的社会调查，直到20世纪50年代，在五指山中心地区仍普遍盛行“不落夫家”的风俗，即女子婚后便返回娘家居住。一般这段时间多在两年到五年之间。从民族学的角度分析，此乃母系社会向父系社会过渡的遗俗。襁褓中的小国兴被母亲带回外婆家的故事，应该是黎族“不落夫家”遗俗的反映。

称呼，以总管称呼之。总管虽有职有权，但却无俸禄。他除了为政府催收钱粮、征用民夫外，还负责管理峒内公共事务。如有诉讼纠纷，他便是当然的公证人、调停人和裁决人。

王政和祖上的管辖范围相当宽，相传有七十二峒之多，大约包括东起今琼中县加钗、金屏岭，西至乐东县境番阳、万冲、王家沟，南起保亭县大本山以北，北至鹦歌岭、什寒山。人们传说过去这一带黎族没有姓氏，是由王政和祖上统一封为吉姓，后又改为王姓的，可见其影响之大。

王政和一家

1932 年，国民党在黎族地区成立了“抚黎局”[①]。此后，国民党即在黎族地区建立了保甲制度，实行“联保联坐法”，对黎族人民加强统治，同时将总管改称为团董，哨官改称为副团董。这时王政和的管辖范围大大缩小了，只管红毛、什运、毛贵、毛栈、番阳和红也（现五指山市）六峒。

王政和为人正直，不贪钱财，在管理峒内公共事务的时候，按黎族的习俗，秉公执正。峒内如发生纠纷，当事人在请总管判事时，要带上鸡、酒和米等食物，待纠纷解决后，当事人与全体参与者就在总管家里杀鸡饮酒，将所带的食物吃光。输的一方还要拿出两元钱，给“书办”，即写文书的人作为报酬。王政和当总管时，由村人王胜喜负责写文书，所有“文书”的酬劳只给王胜喜一人，王政和本人分文不沾。据说，这规矩是他祖上所传。正因如此，他在黎族百姓中享有极高的威望。后来他虽然只管辖红毛等峒，但是其名声却远及五指山各峒，黎族百姓见了他十分尊敬，仍称之为大总管。

1928 年 10 月，广东南区善后公署参谋长黄强实地了解黎族地区建设问题，带着道路勘测建设人员深入五指山区考察，同年年底出版了《五指山问黎记》一书。其中记述了他路过红毛峒时，受到红毛峒总管王政和率族人齐

① “抚黎局”是国民党顽固派在黎族地区设立的名为管理黎族事务，实乃对黎族人民政治上实施压迫、经济上实行剥夺的专门机构。

集村外，并举旗列队欢迎的情景。王政和与黄强会面时，还请他多为黎族人民造福，受到黄强的赞赏，被黄强尊称为“王老”。[①]

王政和能体恤群众疾苦，对于阻碍黎族社会发展的一些风俗习惯亦进行过改革。比如过去黎族青年要正式娶妻，必须给予女方8～12头牛作为聘礼，那里流传着“生女发财、生儿发愁”的谚语，有些男子三十多岁还是光棍。王政和当大总管以后便下令，规定收聘礼不得超过4头牛（王国兴当乡长后又规定不能超过1头牛）。这一措施深得群众拥护。

王政和性格爽朗，略通文墨，善于武功，爱打抱不平，在外人欺压同胞时，他能挺身而出，因此深得民心。他的这种性格对少年王国兴产生了颇深的影响。

在劳动中成长

峒长虽是行政长官，却是有事管事、无事耕田的。当然，也有一些峒长依仗权势，盘剥百姓，成为骑在黎族百姓头上的恶霸，发展为大富户。王政和则不然，他的家产在黎族中算是中等水平，他的家属全部参加劳动，他全家同广大黎族百姓一样居住在茅草房里。[②] 王政和家种着5斗种田[③]，家庭生活维持着中等水平。王国兴11岁就下田，15岁已经是村里公认的农活能手。他的力气很大，枪法很准，善于弓箭，是一名好猎手。

在王国兴18岁那年，家庭开始负债了。他是长子，家庭生活的重担全落在他肩上，他只好外出打散工。这段时间，王国兴到汉族地区当过槟榔园的工人，当过汉族商人的挑夫。他为汉族商人挑煤油或盐往返于番响村

① 这一记述是目前极少见到的有关王国兴的父亲王政和的文献记载，转引自王建成：《〈五指山问黎记〉为我们再现20世纪20年代黎区社会状况》，见王建成主编：《首届黎族文化论坛文集》，北京，民族出版社，2008。

② 王政和家曾有瓦房一间，至王国兴成年时，该房行将倒塌，王家仍住草房。

③ 按黎族习惯是以种子数量来计算土地面积的。王政和家有5斗种田，相当于12亩半，由五兄弟共耕。

和岭门村之间，来回60公里，需要走三天时间。他挑着五六十斤重的煤油或盐，要自带饭食，经过三天跋涉才能领到两元工钱。他的母亲和妻子心地善良，时常将他换回的一些盐和火柴分给乡亲们。因此，村里人每听说王国兴回来了都很高兴。

当时，五指山区盗匪猖獗，而所谓盗匪实际上是“抚黎局”的官兵。王国兴和其他挑夫常被他们抢劫。一次，王国兴在乌石附近被抢，辛苦挣来的几十元工钱被抢得分文不剩。

1920年，王国兴要给他弟弟娶亲，准备了猪、酒、米和王国兴打散工攒下的几十块光洋作为聘金。[①] 谁料反动团长来村“视察”，竟将彩礼搜刮了去。这件事使王国兴非常气愤。

灾难降临

“抚黎局”成立后，强令各峒派工修路。王政和属下各峒派出了民工数百人，结果公路没修成，不少民工却被折磨死了。

1934年初，“抚黎局”又假意要王政和选派65名黎族男女青年到广州“读书”，实际上是骗黎族、苗族青年到内地去当展览品。在广州市永汉公园（现儿童公园）里，黎族青年男子和文身的黎族妇女，被当作“不开化”的“野人”公开展览。[②] 此事当时广州各报均有记载并附有照片。

1935年，“抚黎局”又令王政和征集2000名青年到广州“读书”，实际是抓壮丁，要把这些黎族青年送到“剿共”前线去当炮灰。这些青年人到海口市以后，发现不是去读书而是被送去当兵，纷纷逃跑，被抓回来的便遭毒打，有些人在过海前就被打死了。

---

① 黎族风俗，婚前男方要给女方聘金，一般需要送牛、猪、米、酒等物品和几十块光洋。也有家贫者送不起聘金以工相抵的。

② 解放前的黎族妇女有文脸和文身的习俗，少女年十三四岁便开始文身，这可能起源于图腾崇拜。

王政和知道真相以后非常气愤，他向群众透露了这个真相并拒绝再增派人员。为此“抚黎局”对王政和实行报复，同年9月以“抗丁抗税”的罪名将他逮捕。

当时，王国兴还在外地打散工，年底他回到家后，才知道父亲被捕，便立即赶往“抚黎局”要求放人。“抚黎局”声言要他拿680块光洋方能放人。王国兴想同他们评理，但在实行民族压迫政策的国民党顽固派眼里，黎族人民连做人的资格都没有，能讲什么理呢？王国兴只好赶回家，为赎父筹款。

父母双亡

王国兴一家终年劳苦才得以维持生活，哪能筹集数百块光洋？迫不得已，只好将家产，包括田地、牛及家里一应用具全部变卖，但也只得200块光洋，一家人为此一筹莫展。幸得他家人缘好，村中父老深表同情，纷纷捐助，这才凑足了680块光洋。但当王国兴把钱送到“抚黎局”的时候，他们又找借口不肯放人，还想从中讹诈。

又过了七个月，王政和因在狱中三年，不见阳光，挨饥受寒，早已一病不起，连翻身都不能了。由于他的头长期枕在一块砖头上，后脑勺、颈部溃疡、腐烂，生了蛆虫。“抚黎局”看到他奄奄一息，再难榨出油水，才不得不放人。

王政和从牢房里被抬回家，不到半年就去世了。王国兴的母亲伤心过度，在丈夫死后几天也病故了。

父母双亡，家产殆尽，一家人的生活突然陷入极端的贫困，王国兴在精神上受到了极大的创伤。他默默地忍受着这巨大的打击，为了一家人的活计，便外出打工去了。但在他的心里，对国民党顽固派的仇恨像火一样无声地燃烧着，犹如火山迸发前的沉默。地心的岩浆在悄悄地沸腾着、汇集着，有朝一日是要爆发的。

人到中年

王国兴在外打工，他的家属在家砍山栏[1]、酿酒、养猪，辛劳数年之久，终于攒下了50块光洋。他便将为赎父亲而典当的五斗种田赎了回来。这时王国兴已是45岁的中年人了。

按照黎族社会的传统习惯，峒长职务是父死子承的。但是王政和死后，王国兴并没有按照传统的习惯继承父位。国民党白沙县政府另委任了王成顺接替王政和为红毛乡乡长。王成顺为人奸诈、贪财不义、欺压族人，黎族百姓对他极为不满，特别是同村父老对他无不侧目，他的差派无人理睬。王成顺以为是王国兴因没能继承父位而从中挑唆所致，便向白沙县县长邱海云告状。1940年，邱海云以“反叛”的罪名传讯王国兴，为避免遭受与父亲同样的命运，他只身逃进深山躲避，在深山老林里度过了一年。

1941年6月，白沙县换了县长。新县长黎卓仁为平息红毛乡群众因王成顺而引起的愤怒，缓和日益加剧的矛盾，使出了所谓“民主选举”的花招。他召集群众会议来选举产生新乡长，而群众却是真心拥护王国兴的，选举的结果是王国兴当选为新乡长。

被迫上任

此时王国兴仍躲在山中，拒绝上任乡长。半个月以后，白沙二区区长李有美气势汹汹地到村里宣布最后通牒，威胁说，选了谁当乡长，谁就要当，

① 砍山栏，即砍山种旱稻，是海南黎族、苗族群众解放前流行的耕作方式。先将山林砍倒并放火烧后，以尖木棒戳穴点种，间或除草，即等收获，产量极低。一般种植两三年后丢荒，再另择地烧垦。

不上任就是抗上作乱。村中的父老怕反动派加害王国兴，派人进山找他，极力相劝说："国兴呀，你就当乡长吧，乡长你来当，有事我们大家承担！"在父老乡亲们的恳求下，王国兴心想，当不当乡长，灾难都难逃，不如先当着，再另图良策，何况自己当总比坏人当权欺压乡亲们好些。于是他结束了一年的隐居生活，硬着头皮上任红毛乡乡长。

王国兴上任的第三天，国民党顽固派就对他下达指令，每月上交壮丁9名、光洋120元、白米20石、猪肉和牛肉100多斤、鸡40只，另外还要缴纳大批土特产，如鹿茸、熊掌、木耳、蜂蜜等。

国民党反动政府的"公差"人员常到村里来派捐催粮，每次都要由黎头招待。王国兴招待不起，村里人怕惹祸，便东家出只鸡、西家出升米凑起来，才能打发走那些"瘟神"。从此，他时常被这些苛捐杂税所困扰，一刻不得安宁。

这时，日寇的铁蹄在践踏海南，国民党顽固派却龟缩五指山，不去抗日，反而加紧鱼肉黎族、苗族百姓，把他们一步步逼到历史的关头。王国兴——这位黎族峒长的儿子就是在这风雨交加的年代当上了黎峒的最高行政长官。

王国兴管辖下的红毛乡有近两千户人家、上万口人，祖上的传统威望使他在群众中能一呼百应，但他一刻也没有忘记同国民党顽固派不共戴天的仇恨。正因如此，王国兴身为乡长，却不愿骑在万人之上，而是生活在百姓之中，他仍然下田种稻，上山砍山栏，打猎，当挑夫……黎族百姓都亲切地称他为"妣挂"①。一般黎族百姓称峒长、哨官均为"总管"，只有对深得人心而又没有架子的峒长才称"妣挂"的。有的黎族百姓还在背后称他是"伐海考"②。

---

① "妣挂"，黎语，"妣"是母亲，"挂"是管理，"妣挂"的意思是"父母官"。

② "伐海考"，黎语，原意为"穷小子"，在此戏称王国兴为"穷官"，即清白的官。

第二章　在民族存亡的关头

日寇入侵　宝岛沦陷

20世纪40年代初期，全国抗日战争进入了最艰苦的阶段。这时的海南岛已经陷入日本帝国主义的铁蹄之下。1939年2月10日，日寇的“台湾混成旅团”在空军的配合下，在澄迈湾东北角登陆。同日，海口市沦陷，随即澄迈、临高、文昌、琼东各县均陷入敌手。

14日，日军在海南岛南部榆林、三亚一带登陆，沿海北上，随即占领加积等重镇。不久在海南岛西部白马井登陆的日军占领了新州和那大一带。仅两月余，沿海十三座县城及地处交通要道之重镇全部沦陷。

“国贼”逃命　独立队孤军奋战

国民党反动军队当时在岛上的正规兵力有六千余人，主要的有保安六团、七团和七个壮丁常备大队，加上琼崖守备司令部、专员公署、守备二团、游击大队等，兵力并不算弱。可是，这些平日鱼肉百姓的败类，大敌当前，却一枪不发，竞相逃命。琼崖守备司令部在司令王毅的带领下，日寇尚未登陆便先逃往加积，日寇南进，他们又逃往定安，定安危急后，便又逃进黎族、苗族聚居的五指山区。

此时逃进五指山区白沙县的计有国民党琼崖守备司令部、琼崖专员公署、琼崖守备二团以及儋县、临高、昌江、感恩、乐东、崖县、陵水、保亭八个县府，加上白沙、保亭、乐东三县联络所和各县的武装共达五千余众。

只有中国共产党领导的广东省民众抗日自卫团第十四区独立总队，在冯白驹的领导下，活跃在五指山区的外围、沿海和敌后，进行着艰苦的游击战争，不断地打击敌人。①

这时，在日寇进攻面前束手无策、实行不抵抗主义的国民党顽固派龟缩在五指山区，对手无寸铁的少数民族同胞却要起威风来了。

“蝗虫”入境　十室九空

大批国民党反动军政官员连同他们的眷属拥进五指山区，一如蝗虫入境，这里的每一个村庄、每一座山头开始遭受无穷的灾难，多如牛毛的苛捐杂税使田园变得一片荒芜，村寨萧条，家家一贫如洗。而那些官员们却厚着脸皮宣称“国难当头，官吃主粮，民吃杂谷；官吃杂谷，民吃野菜”，仍要在骨瘦如柴的黎族、苗族百姓身上榨油。

其剥削手段无奇不有，巧立名目之多难以数计，真的是无事不劳民、无物不征取。仅摊派的所谓的公粮就有“抗战粮”“官长粮”“参议粮”等，诸如“军服费”“草鞋费”“柴草税”“牛牌”“猪牌”“狗牌”等不一而足。还明文规定以保为行政单位，每月缴纳猪肉、牛肉、笋干各 70 斤，鸡 40 只，木耳 40 斤，酒 30 斤，蜂蜜 120 斤，蜂蜡 120 斤，烟叶 120 斤，草席和麻被各 5 床。此外，还需缴纳“壮丁费”200 块光洋。每月各保抽壮丁 9 名，如交不

---

① 琼崖革命武装队伍名称变更如下：琼崖工农红军游击队于 1938 年 12 月改编为广东省民众抗日自卫团第十四区独立队，简称琼崖抗日独立队；1939 年 3 月发展为广东省民众抗日自卫团第十四区独立总队；1944 年秋改称广东省琼崖抗日游击队独立纵队，简称琼崖纵队；1947 年 10 月据中央军委命令改称中国人民解放军琼崖纵队。

出人，要以500块光洋顶一个名额。

国民党反动军政官员们均各自到村寨抽取贡品，猪、牛、狗、鸡无一放过，就连刚生下的猪崽都打上了“××县府”的记号，待养大后送去。士兵们则如土匪，三五成群地日夜到村寨抢劫，抓鸡、打狗、杀猪、宰牛，闹得黎村、苗寨无一刻安宁，如龙洞村的黎族同胞王建风原有七十多头牛，不到一年就被匪徒们抢光了。

白沙、保亭、乐东三县联络所所长兼白沙二区区长李有美有十几匹马，经常在黎族百姓的田里放养，把黎族百姓的禾苗当成草料嚼个精光，使黎族百姓颗粒无收。众多的官衙各自立刑设法盘剥、奴役。黎族百姓王开法因交不出公粮，被抓去毒打，还要罚款，他的妻子只好忍痛将唯一的儿子卖了，换得40块光洋交去，才将丈夫赎回。

他们还强迫黎族、苗族百姓无代价的自带粮食和工具去服各种劳役，如挖战壕、盖营房、修道路、挑弹药、运粮食……无休无止。一个县的衙门平均要1000名黎族百姓服苦役20天，司令部的衙门、专员公署的衙门当然规模更大，花工也更多了，仅红毛乡平均每次就派工250名，他们一去就是十天半月，甚至更长时间。

妇幼遭蹂躏

民工们都是在荷枪实弹的士兵的押解下，不分昼夜去服苦役的，残忍的匪兵对黎胞、苗胞如同对待牲畜，动辄拳打脚踢。三而会村有一名行将分娩的孕妇被强行拉去挑米，她双脚无力，行走缓慢，匪兵便一刀将她砍倒在地，可怜这即将成为母亲的妇女，一尸两命同丧黄泉。

南美村一个12岁的少年也被拉去当挑夫。他个子小没力气，挑不动，匪兵不由分说，对这孩子拳脚相加，当场被打断了气。与王国兴同村的王字留被押去挑弹药，要他扛一百多斤重的箱子，他扛不动，被匪兵乱棍打死。

在服劳役的路上，因饥饿、劳累被折磨而死的不计其数。许多人含着泪水出门去服役，因为他们不知道这次迈出家门，是否还能生还？仅红毛一个乡在劳役中被打死或被折磨死的就有五百多人。山边、路旁时常见到赤裸的尸体被鸟啄、狗拖，尤其是在当时白沙南北的交通要道毛立尖岭一带，尸横遍野，白骨成堆，惨不忍睹。

匪军官兵每到村寨，奸淫、掳掠，无恶不作，妇女更是他们蹂躏的对象，山边、田野时常可闻妇女们凄惨的呼救声。

头人受凌辱

黎族、苗族上层人士也和他们的同胞一样，遭受着非人的待遇，如毛贵乡乡长王友明被怀疑谋害县府人员，保安团将他抓去，要罚款2000块光洋。他将全部家产卖了，也交不足，只得逃往他乡避难。

王国兴也同样，国民党顽固派并不因为他是一乡之长而有所优待，反而因为他不能及时收缴那些名目繁多的税款和公粮、物品，常加以训斥、侮辱。有一次，红毛乡的粮收不齐，他被抓去吊在梁上毒打。

灭绝人性　滥杀无辜

毫无人性的国民党顽固派甚至以割黎族、苗族百姓的头颅取乐，一个匪军连长就将一位苗族百姓生宰了做他的“下酒菜”。

集体屠杀事件时有发生。一次，国民党白沙县府的游击大队到白沙乡南吉苗村发泄兽性，杀人抢劫，他们见人就杀，见东西就抢，将全村财物洗劫一空，还放火烧掉了全村的茅屋。这次浩劫中，苗族百姓数十人被害，有七百多头牛被劫走，全村被夷为平地。

在国民党顽固派横征暴敛的残酷压迫之下，黎族、苗族百姓痛苦不堪，他们靠山不能吃山、靠水又不得吃水，真是上天无路、入地无门！

各地哨官和总管不断向王国兴报告着国民党顽固派屠杀黎族百姓的消息。

至起义前夕，王国兴和其他头人粗略统计了一下，在一年的时间里，被杀害的黎族百姓竟达13000人！五指山的天空乌云压顶，五指山的大地鲜血横流。

王国兴的心中就像压着千斤重的大石，民族的生死存亡使他坐立不安、寝食不宁。父老乡亲们痛苦的呻吟声刺痛着他的心，国民党顽固派的凶残使他怒火中烧。他想，这种非人的日子还能忍受下去吗？他开始考虑一个严峻的问题：黎族人民应当向何处去？黎族人民的出路在哪里？

“五·一三”杀苗胞　惨绝人寰

1942年农历五月十三日，国民党顽固派在五指山制造了惨绝人寰的“五·一三”大屠杀事件。琼崖守备司令王毅以所谓“通日”“汉奸”的罪名，下令对苗族百姓实行大屠杀。

他们发出通知，伪称要苗族全体人员，包括男女老少，在农历五月十三日这一天亲自下山领取“公民证”，声言日后查无“公民证”者，格杀勿论。他们把白沙、保亭两县分住在23个村庄的两千多名苗族百姓，骗到中平、南茂和加略三地集中，实施其罪恶阴谋。

中平地区的苗族百姓还被通知每人下山时，均要带白藤一束。淳朴、善良的苗族百姓哪里知道是什么样的灾难在等待着自己呢？这一天，苗族百姓按规定的时间，扶老携幼陆续来到指定的聚集点。在中平村，匪徒们将苗族百姓按男女老少三五人分成一群，一群群捆绑起来，用来捆绑他们的正是苗族百姓自己带来的白藤，然后，用刀砍头。疯狂的刽子手们杀人如麻，其中一个刽子手就杀了40多人。在南茂和加略两地，匪徒们将苗族百姓赶进一间茅屋，用机枪和步枪扫射。这次惨案被害者近两千人。[①]

灭绝人性的保安六团团长杨开东亲自指挥了这场惨案，他自称为“天上雷公，地上杨开东”，还声称“苗人胆可治百病”。于是，匪徒们多将苗族百姓剖腹取胆，串在竹竿上晒干，以10元一个出卖，其暴戾恣睢令人发指！

---

① 此次惨案被害人数亦有一说为近三千人。

后来，死里逃生的苗族百姓在苗族头人黎运贵、马道昌等人的领导下，组织了数百人的队伍，在南茂尖和白马岭一带进行了英勇抗击。

起义在酝酿中

黎族和苗族百姓世代相处，共居五指山，他们有着共同的遭遇和共同的命运。“五·一三”事件使他们意识到，国民党顽固派的屠刀既可以加害苗族人，也一定不会放过黎族人的。无疑的，两千名苗胞的鲜血是一次血的教训，它强烈地震撼了数十万黎族同胞的心灵，红毛乡与中平乡等地相近，成为这个强震的中心地区。人们一见面，就互相询问着：“怎么办?”许多人来找王国兴，向他提出的问题都是：“我们就这样等死吗?”

老年人来找他说：“‘国贼’①把东西抢光了，就杀人，在中平把苗人抢光了，杀苗人；现在我们的东西也快被抢光了，他们很快就会杀我们了!”

妇女们来找他说：“大总管，快救救我们大家吧!”

青年们来找他说：“大总管，我们不能白白等死，反正是个死，不如同他们拼了!”

正是“官逼民反”，黎族百姓的反抗斗争不断地进行着。六十多岁的老人王启莫常常携带弓箭埋伏在路旁，等候单独过往的匪兵。王家芳等5位青年在什寒岭打死1名军官，缴获了1支左轮枪。这些消息不断传到红毛乡，王国兴密切注视着事态的发展。

斗争正在群众中酝酿着，如同一堆秋天的干柴，只要一粒火种，就能燃成熊熊烈火。王国兴的思想正经历着激烈的斗争，父亲的惨死和自身所受的凌辱早已在他心里埋下了极深的仇恨，群众要求反抗的呼声使他很不平静。他想，我是个头人，大家都看着我，我应该带大家闯出一条生路!

可是，生路在哪里呢?

---

① 黎族百姓蔑称国民党党政军人员为“国贼”。

第三章　从头人到起义总指挥

什阳斗争——白沙起义的序幕

王国兴想起了两年前的什阳事件，给了他极大的启发。那时，他为逃避反动县长邱海云的迫害，正躲在深山里。国民党白沙县府唯恐日机轰炸会把他们囤积的私盐、火柴等物资炸毁，想了个“化整为零”的计策，将物资运到白沙乡什阳地区的几个村子，强迫群众分户保管。

那年春天，邱海云去村里察看，正值春雨，食盐遇潮溶解，又遇日机轰炸，损失不小。邱海云便乘机嫁祸给黎族百姓，强行敲诈勒索，令每户赔偿50块光洋。逼得所有为他们保存食盐的各户，均变卖了全部家产，还有不少户卖儿、卖女，才凑足了这笔飞来的阎王债。

不料，当他们将含着血泪的光洋送到县府时，邱海云却说这些光洋全是“假”的，诬告黎族百姓犯了“欺君之罪”，除再罚50块光洋外，还加罚木耳和蜂蜜等一批土产，并将什阳头人王亚义抓走了。

什阳的群众忍无可忍，纷纷聚集在一起，商讨对策。在头人王亚福、符松龄、王公护等人的领导下，进行着抗暴斗争的准备。

邱海云眼看过了限期，还不见送罚款来，便派出县自卫大队前往什阳兴师问罪。殊不知，兵到什阳，但见各村寨都筑起了地堡，打下了木桩，围上了木栅，设有武装岗哨，戒备森严。这些匪兵平时欺压黎族、苗族百姓，随意打杀已是常家便饭，虽见各村已有戒备，但还是满不在乎地向村内群众开枪挑衅。

严阵以待的什阳人以窝岸村为据点，立即用弓箭、粉枪、石头进行抗击。自卫队数百名荷枪实弹的士兵攻打了九天九夜都未能攻下窝岸村，被围困的数百名黎族群众，在周围三十多个村子的群众的支援下，越打越猛，还自制了填火药的“荔枝炮”（用荔枝树做炮身）。当然，在连续苦战九昼夜之后，群众已经相当疲乏了。后来王公护率领元门峒和红茂峒的群众去攻打驻在元门峒志口村的白沙县反动政府，端了邱海云的老窝，才迫使国民党撤兵，解了窝岸村的围。

白沙县自卫大队丢下了三十多具尸体，撤回了城里，反动政府怕事态扩大，不得不做出妥协的姿态。后来，由琼崖守备司令王毅亲自出面调停，耍了弃车保帅的花招，撤去邱海云的县长职务，另委任保安营长黎卓仁为新县长，并由他出面讲和，公开宣布罚款是非法的，才将此事平息。

什阳斗争的胜利暴露了国民党顽固派的虚弱本质，大大鼓舞了黎族群众的斗争意志。他们确信，要保卫自身利益，只有拿起武器来战斗。什阳斗争实际上是白沙人民反抗国民党顽固派的全面起义的序幕。

王国兴认为什阳人已经做出了榜样。出路已经找到了，与其束手待毙，还不如抗争而死，拿起武器同“国贼”拼，这就是我们黎族人的生路！他终于下了决心。

德伦初议

1942 年 6 月的一天，王国兴以研究摊派官粮为名，悄悄通知红毛乡属下各保保长到红毛乡合茂山下的德伦开会。

在一所茅寮里，王国兴开诚布公地对大家说：“我们世世代代居住在五指山，自从‘国贼’来了，烧杀、奸淫，无恶不作，把我们黎人的活路堵死了，我们头人不能眼看着乡亲们受罪不管，我们不能就这样等死。”他的一席话立即得到全体与会者的响应，特别是三保保长王玉锦[①]更是积极支持。大家一致认为，打也死，不打也死，坐着等死，不如拼个死里逃生。

红毛乡合茂山德伦——白沙起义第一次筹备会议地点。

当下大家分析了国民党驻红毛乡及附近的兵力。有人认为驻红毛乡的国民党军队不多，容易对付。王玉锦说："要是光对付红毛乡的'国贼'当然容易，但是'国贼'是互相联系的，白沙县共有几千兵力，光我们红毛乡的人是打不过他们的，我们各乡也应该联合起来才行。"王国兴认为这个意见很正确，便决定立即分头到各乡去串联，发动全县黎族群众一齐动手打"国贼"。会后，他们便分头到一区的白沙、牙叉、细水、元门、南溪、龙头，二区的毛栈、毛贵、水满、加钗，三区的光雅、那利、七方、巴王以及番阳、霖田、什陵、新市、大堆、红牙、通什等地联络。

这便是有着深远历史意义的白沙起义的第一次筹备会议。

---

① 王玉锦为红毛乡牙寒村人，年轻时曾被国民党抓壮丁当兵，几年后逃回家乡，曾任牙寒村保长。他是白沙起义的策划者、组织者和领导者之一，是王国兴的得力助手，是军事上的实际指挥者，在以后的斗争中起着重要的作用，解放后历任白沙县县长、海南黎族苗族自治州副州长等职务。

秘密串联

会议以后，王国兴派人到乐东县和保亭县去串联那里的头人们，希望得到他们的支持。

王国兴曾三次写信给苗族首领，邀请苗族同胞共举义旗，但是由于苗族同胞经历了 1942 年“五·一三”惨案，元气大伤，处境非常困难，故未能整体组织响应。

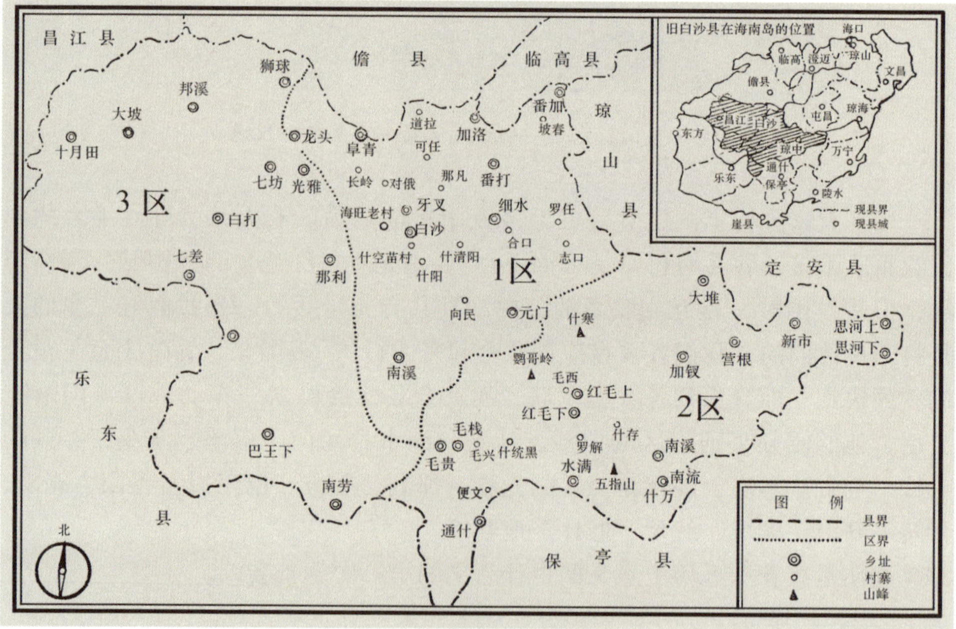

白沙起义时白沙县简图。

但是，一些村寨的苗族群众亦高举义旗，与黎族群众一起战斗，如琼中县南改苗村、白沙县什空苗村、五指山市毛阳镇毛兴苗村的全体成年男子均参加了起义，琼中县南茂村亦有苗族群众参加。

王国兴还与王玉锦等人到元门乡、白沙乡、细水乡，去会见那里的头人。

白沙乡的头人王亚福等人曾经成功地策划了什阳斗争，现在他们又在秘密商议再次进行武装反抗，大家都表示应该拿起枪再干。

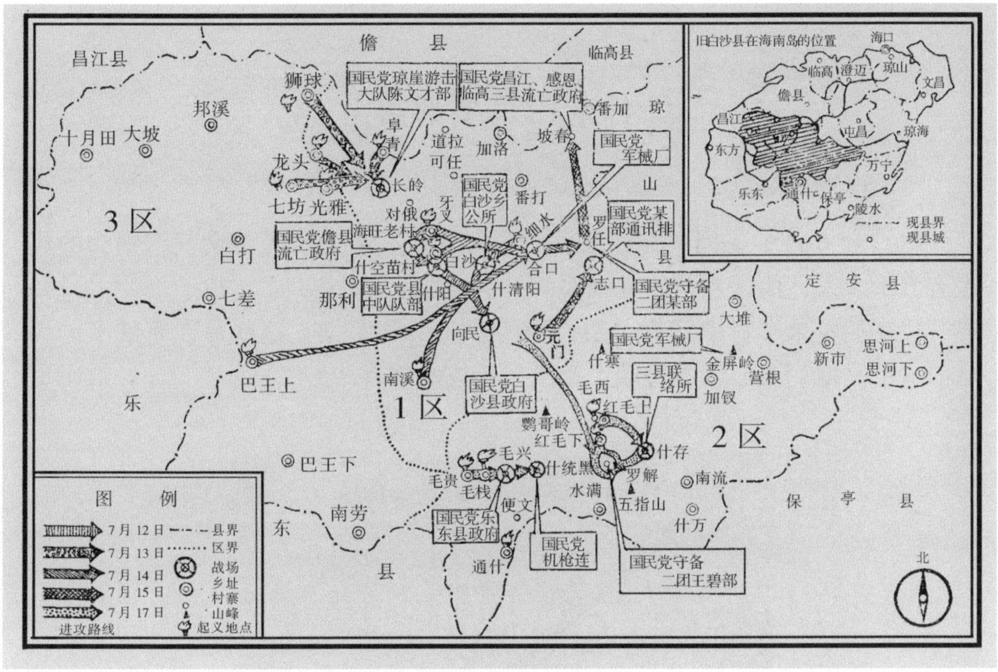

起义队伍进攻路线简图。

王国兴的到来增添了他们的斗争勇气。当下，他们邀请了元门、南溪、细水等乡的头人王公护等人秘密相会。共同的敌人、共同的仇恨和共同的民族感情使他们想到一起了，他们表示，“国贼”把依①黎人逼上了绝路，要么

① 依为海南方言，意为“我”或“我们”。

是死、要么就斗。二十多位头人在王公护的弟弟王公朋的家里举行了歃血结盟的仪式，大家发誓，为乡亲们求活路而战斗，誓死不渝！

王国兴用了两个月的时间，几乎走遍了五指山区，串联了周围比较合心的头人。同胞们都在兴奋地谈论着起义的事，男女老少都在擦枪、磨刀、弯弓、削箭，武装起义的准备工作正在秘密地进行着。

王国兴满怀着胜利的希望，认为这是他们民族生存的希望所在，但他也有些紧张，因为他认为民族的生死存亡在此一举。

什亲山军事部署

1942 年 8 月，王国兴在红毛乡什亲山召开了第二次筹备会议，到会的代表有五十多人，南慢乡苗族首领邓明仁也参加了会议。

代表们带来了村中父老乡亲们写的合约书和字据，这些写在草纸上的简陋的文书是他们决心为本民族生存决一死战的誓言。

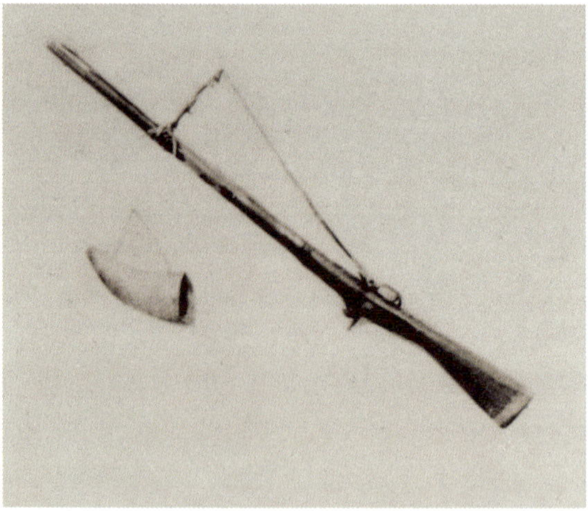

王国兴在起义时使用的牛角号和粉枪。

代表们汇报了两个月来准备工作的进展情况，预计已掌握的武器有粉枪一万两千多支，弓数百把，箭数千支，初步估计参加起义的将有三万余人。（黎族虽然以农业生产为主，但是每一个成年男子都同时是一位猎手，都会射箭和使用猎枪，因此三万起义者便是三万名士兵了。）王国兴非常高兴地想：我们有那么多人，肯定能打赢的。

会上，由王玉锦将起义队伍做了编排，以保为单位，设正、副队长各一人，三至四队设一名指挥，同时分配了各队的攻击目标，就近围歼当地的国民党驻军及县府武装，对个别重点目标做了人力调整。如红毛乡因驻有三县（白沙、乐东、保亭）联络所以及守备二团，便由一区调拨出部分力量。

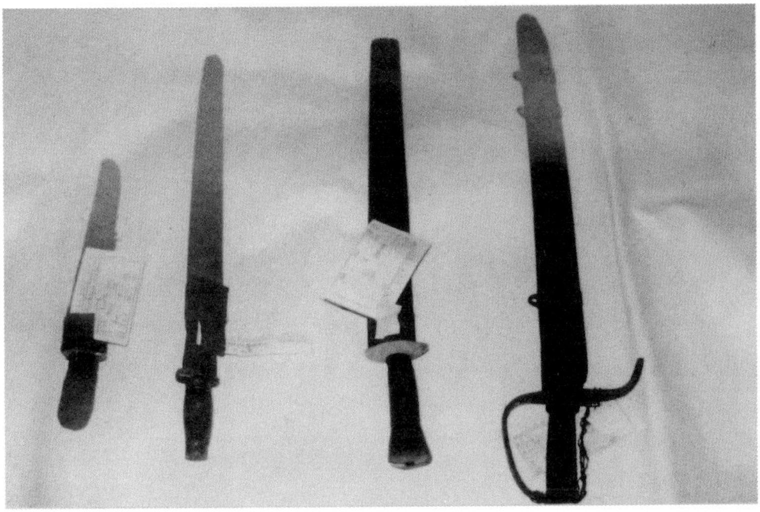

起义时使用的武器。

会上，大家一致推选王国兴为全县起义总指挥。会议的全体参加者按照黎族古老的传统风俗，杀鸡饮血、对天盟誓。一位老人拿来了公鸡，当场杀了，在每一个人的酒碗里滴上几滴血，众人面对苍天跪下，王国兴带头举碗对大家说："乡亲们信得过我，我就领这个头了，我誓与大家同生共死，有福大家享，有祸我来当！来，为解救乡亲们，报仇雪恨，杀尽'国贼'，不得背叛！"说完，他将酒一口喝下。代表们看见王国兴的碗里连一滴酒都没有剩下，便都一饮而尽。

王玉锦照片，摄于解放后。

这次会议反映了黎族人民反抗国民党顽固派民族压迫的决心，也很好地说明了白沙起义不是一哄而起的群众运动，而是有计划、有组织，经过周密策划的革命斗争。这次会议还表现了王国兴作为这次斗争的杰出组织者和领导者的非凡的才能。

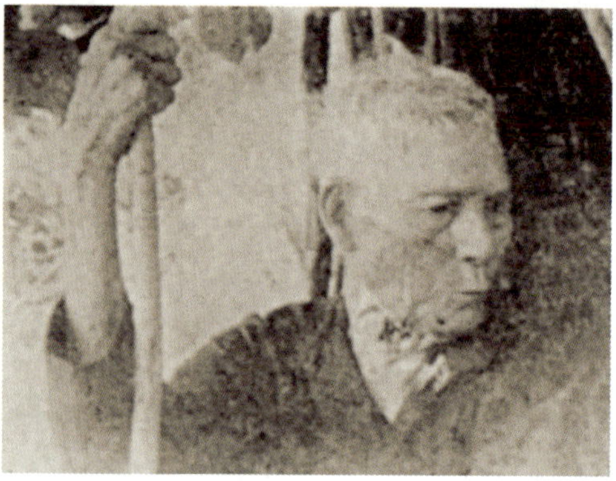

毛贵起义队伍的领队王老朋，摄于1981年，时年92岁。

这次会议鼓舞了群众的斗志，促使起义的准备工作更加紧锣密鼓地开展起来。苗族群众为起义准备了火药500斤，粉枪嗿①弹50包。有些汉族商人暗中资助些火柴（火柴头可做粉枪引信），提供硫黄、硝或捐献光洋等，如白沙县牙叉村的汉族商人黎秉刚不仅为起义队伍提供大量物资，还亲自参加战斗，可见被压迫群众在斗争中总是互相支援的。

还有一个故事，提供了海南岛上各民族在生活和斗争中，如何互相团结、互相关怀、互相支持的生动例证。

那是在很久以前，红毛乡来了一位少年，他是来自定安县，在汉族地区流浪已久的孤儿——王太信。饥饿、寒冷、疲惫不堪，他再也走不动了。王国兴的舅父王仕贵一家收留了他。王太信在黎村长大成人，以小商为业。他在黎村安了家，娶黎族姑娘为妻，生儿育女，和黎族同胞融为一体了。

当起义队伍急需火药等武器时，王太信立即将多年积蓄下来的40块光洋捐献给起义队伍。王国兴认为王太信懂汉语，熟悉汉族地区，便派他前往定安县购买火柴、硫黄、硝等物品。于是王太信便以自己熟门熟路的优势，频频出入五指山区，到定安县去，为起义队伍解决急需的战斗物资立下汗马功劳。起义遭受镇压以后，他仍继续秘密支持撤退到深山密林的义士们。

1944年4月，在山上坚持斗争的起义队伍已经弹尽粮绝。一天，王太信牵着一头牛向山边走去，他是否要给山上的义士们送去呢？我们不得而知。这时由于奸细告密，国民党顽固派以“通共匪”“支持王国兴”的罪名将王太信逮捕。王太信遭受百般折磨，被拷打得遍体鳞伤、气息奄奄，不久就去世了。王太信以他的生命谱写了一曲民族融合、民族团结战斗的颂歌。②

---

① 嗿为海南方言，意为火药。

② 王太信的儿子王学萍在新中国成立后，成长为一位优秀的民族干部。历任中共海南黎族苗族自治州州委副书记、州长以及海南省副省长、中共中央委员、中共海南省委常委、全国人大常委等职务。王学萍对黎族历史及黎族文化怀有深厚感情，近年来在整理及传承黎族文化方面著述丰厚，是黎族传统文化传承与发扬的领头人。

众头人大朗山斩箭盟誓

又过了两个月，起义的筹备工作正在紧张地进行着。王国兴同王玉锦一起秘密地翻过鹦歌岭，走了近百里山路，来到白沙乡大洋村大朗山。他们走进王亚福在山上僻静处搭的一座茅寮里，等待他们的有元门乡、细水乡、白沙乡、龙头乡、牙叉乡、光雅乡、那利乡、七方乡和巴王乡的头人们。这些有见识、有胆略又为群众所尊敬的头人们，相见分外亲切，正义的斗争和崇高的职责把他们的命运联结在一起了。

白沙地区参加起义的部分老人。左起第四人为符尤相，是黎族中队英勇队队长，左起第三人是当年曾向起义群众供应火药的汉族商人黎秉刚。

王国兴十分兴奋地向大家叙述了红毛、毛栈、毛贵等地的准备工作，又听取了一、三两区各乡的准备情况。他们对起义的条件和时机进行了比较全面的分析，最后决定了全县武装暴动的时间在1943年7月20日卯时。有人提醒说：“记住，鸡叫头遍就动手！”全体与会者又一次庄严重申拥护王国兴为全县武装暴动的总指挥。

头人们按照传统习惯，又一次举行了似乎是更高一级的对天盟誓仪式。他们将滴有公鸡血的酒碗放在各自面前，用尖刀划破自己的手腕，让鲜红的血滴进碗内，然后面对苍天，双膝跪下，同声高呼：“杀尽‘国贼’，如有背叛我黎人者，看这箭！”王国兴说完在箭上重重地砍了一刀，箭上立即留下一道深深的刀痕。头人们随即照样依次在箭上砍了一刀，庄严地表示了他们磐石般的决心。

头人们还相约，起义时每户都要参加，最少出一个人，否则没收一切财产，用来办庆祝胜利的喜酒。同时规定了一条纪律：为解救父老乡亲，勇杀“国贼”，若有背叛者，杀头祭天地、谢鬼神、慰死难者。

这些誓言是战斗的宣言，也是不成文的纪律，刻在了起义群众的心头，成为他们行动的准则。在尚未找到一种先进的指导思想导航的时刻，这些发自肺腑的誓言不能不说是一种指导、支持和鼓舞他们去进行战斗的崇高而神圣的精神支柱。斗争的实践证实绝大多数人都信守了自己的誓言，遵守着这无疑是维护群众利益的纪律。

这次全县大多数头人的集会对全县人民的总暴动起了极大的推动作用。

红毛乡坎茂村　百人大动员

1942年12月[①]，举行了第三次起义筹备会议。会议是在红毛乡坎茂村的一个山寨里举行的。坎茂村地势险要，村后是什贺岭、那训岭和登天岭，即

① 关于白沙起义的几次筹备会议的时间，众说纷纭，本书主要参阅了王国兴自传中叙述的时间。

使被敌人发现，代表们也很容易脱险。

这一天，会场周围布置了多处岗哨，小山寮的里里外外挤满了人，有十六个乡的代表、暴动队长、指挥等一百多人。

会议进行了约两顿饭的工夫，王玉锦向大家讲述了一些基本的军事常识，做了起义的军事部署之后，王国兴激动地站了起来，他庄严宣布，明年（1943 年）7 月 20 日卯时全县暴动！

茂密的森林掩护着这群准备为民族的生存去决一死战的英雄们，呼啸的山风淹没了他们慷慨激昂的声音。在数里之遥的三县联络所，此刻静悄悄，敌人还没有察觉，一个由他们自己制造的大火药桶即将爆炸！

起义的计划被秘密地传达到每一位黎族群众，大家都在兴奋地期待着 7 月 20 日鸡叫头遍那个激动人心的时刻。

王国兴也在期待中，他是在痛苦中期待，在国民党顽固派日甚一日的催粮、抓丁的重压之下，在乡亲们凄苦的呻吟声中期待着。他每天都在紧张地思索着，怎样才能保证起义的顺利实现，他常常在心里默念：神明保佑我们吧！

笼罩在黑暗中的五指山在腥风血雨中、在死亡的恐怖中等待着黎明。

革命的烈火即将在五指山的山脚下燃烧，革命的暴风雨即将来临！

第四章　狂飙卷白沙

风声泄露　起义提前

次年，入夏之际，正当这紧张而又敏感的时刻，白沙一区的部分头人突然发现国民党顽固派在暗中追查策划起义的首领，眼看着一场大搜捕即将开始。他们意识到，起义的风声已经泄露了。这时一区的群众看到国民党要抓人，个个摩拳擦掌，喊杀之声四起，群情激奋，犹如箭在弦上，一触即发。虽然距离预定总暴动的日子还只有几天了，但是他们却再也忍耐不下去了。

1943 年 7 月 12 日，白沙、细水、元门等地的黎族、苗族同胞在王亚福、符松龄、王定江、王公护、符桂森的率领下，提前发动了起义。“河出伏流，一泄汪洋”，任何力量也阻挡不了。四千多名愤怒的群众手持粉枪、弓箭、钩刀，甚至拿锄头和木棍，如同决堤之水，向国民党顽固派冲杀而去。他们平时生产使用的原始工具，现在成为谋取民族生存的战斗武器。

“呜——呜——”牛角号吹响了！

“咚咚咚、咚咚咚”牛皮大鼓下达着战斗的号令，它的声响远传到方圆数十里之外！

起义者们举起了他们的旗帜！①

---

① 黎族各峒都有自己不同的旗，平时，它是用来“做鬼”的。旗的形状不一、颜色各异。红毛地区一般都在旗上写着“山祖老爷”的字样。

人们纷纷对着高高飘扬的旗帜祷告："山祖老爷保佑，子弹打坏人，不打好人！"

妇女们争先恐后地攀上山崖或爬到树上，对起义队伍高声喊叫，为他们打气助威。

母亲呼叫着儿子的名字，妻子呼叫着丈夫的名字，儿女们呼喊着他们的父亲：

"快打呀！打死那些'国贼'！"

"快追呀！别让他们跑了！"①

旌旗飘动、鼓号齐鸣，起义者们呐喊着冲向驻守在向民村的国民党白沙县政府，一场具有深远历史意义的斗争的帷幕就这样拉开了。这是黎族人民反抗国民党顽固派残酷压迫、争取生存和自由的一场伟大的斗争。

符桂森巧计诱敌　"国贼"抱头鼠窜

围攻白沙县府的战斗仅仅几个小时就解决了。除县长曾训祥带着秘书外出开会，不在县府以外，其余的国民党官员无一例外地被送去见阎王。

后来，只听得一声叫喊："唐德厚跑了！"唐德厚是国民党白沙县指挥部的副指挥官，他带着十几名卫兵从小路逃往向面岭，起义队伍立即倾师围困。向面岭虽然不大，但是山高林密，藏十几个人是很难找的。包围两天以后，符桂森巧用计谋，终于将这股敌人引下山来歼灭了。

接着，起义群众继续攻打驻守在番打的临高县府和儋县县府。同时，向白沙县城牙叉进攻，在牙叉由于守敌顽抗，经过两天两夜的激战才攻下来。

---

① 有关妇女在黎族社会中具有很高地位的历史记载很多，如"其俗贱男贵女，有事则女为政"。还有史载，当黎族内部发生纠纷时，只要妇女出面干预或调解，就可息兵解仇。又有"（黎人）……一语不合，辄持弓矢标枪相向，势不可当，有妇人从中间之，即立解"。（《黎岐纪闻》）这些记载显示，直到近现代，黎族社会仍存在母系民族公社时期妇女受尊重的遗风。所以在白沙起义中，尽管妇女并未直接参加战斗，但是她们的支持与鼓励是非常重要的。

与此同时，元门乡的起义队伍攻打驻守在元门的国民党通信分队；龙头、光雅、七坊等乡的起义队伍则配合牙叉乡的队伍袭击驻守在长岭的白沙游击大队陈文材部，把敌人打得落荒而逃。

两天之内，白沙、牙叉、元门一带的国民党军政机关被一扫而光，其武装或被全歼，或向外逃窜，那里已经是起义者的天下了。

众头人同时被捕　总指挥身陷什存村

由于交通闭塞，一区白沙等乡提前起义的消息几天以后才传到红毛乡。王国兴得悉此讯，丝毫没有迟疑，他当机立断，决定把全县总起义的日期提前到17日。他的助手王玉锦等人立即分头去通知各乡的首领们。

这时，驻守在红毛乡什存村的白沙、保亭、乐东三县联络所所长兼白沙二区区长李有美已经策划了捕杀起义首领的阴谋并付诸实施。

7月16日，红毛等乡各乡长和各保长均收到李有美要他们到什存村开“紧急会议”的通知。王国兴估计到敌人要下毒手了，这个“开会”不过是个借口，于是他托病卧床，拒绝前往。李有美狗急跳墙，至下午竟命士兵将王国兴强行绑去。王国兴到了联络所一看，王玉锦、王积义、王启轩等九个乡长、保长均已被捕。他们被关在一间小屋里，外面还设了两道岗哨。

王国兴心急如焚，想到即将爆发的起义将毁于一旦，恨不能将自身化为一团火，烧掉这座联络所。他看着大家，大家也在看他，都在用目光询问：“怎么办?”

王玉锦机智脱险　敢死队星夜劫狱

这时，王玉锦忽然听到看守他们的士兵用广州方言交谈，问李有美：“怎样处置这些黎头?”李有美答:“等到齐了,一齐打靶①!”

王玉锦在被抓到内地当兵时,曾驻守广州地区,所以他能听懂广州方言,听了这话,他知道敌人很快就要下毒手,必须设法赶快逃出去!他立即假装肚子痛得要拉稀,看守将他带到小河边的厕所,守在门外。王玉锦机灵地从厕所坑里溜下小河,拼命地向他的家——牙寒村跑去。

当看守发现并追来的时候,王玉锦的弟弟王玉林已经拿着粉枪在村口等候。王玉林只一枪就干掉了这个看守。王玉锦脱险后,立即向起义队伍预定的集合地——毛西村奔去。

在毛西村头,有一棵古老的大榕树,平时猎人们用的火药常在这棵树下研制。计划起义以来,这里也就成了毛西人制火药的小工厂,树身已被熏得黑黑的了。现在,在这棵大榕树下已经汇集了一千多人,他们主要是红毛乡的义士们和从白沙、元门等地来支援斗争的一区起义队伍,他们听说总指挥等首领被捕的消息以后极为气愤,要求马上攻打三县联络所,去解救他们的总指挥。

王玉锦赶到这里,立即成为这支队伍的核心。他对大家说:“我们应该悄悄地钻进里面去,从里面往外打,先把总指挥等头人救出来。如果从外面打进去,他们就有生命危险。”他挑选了二十多人组成一支敢死队,由他亲自带领,立即出发,去营救王国兴等人。

毛西村头,上千人的队伍悄悄地向联络所进发,他们约定以枪声为号,发动总攻。

17日凌晨,正是鸡叫头遍的时刻,月色朦胧,敢死队员们借着微弱的星光,悄然向关押王国兴等人的牢房靠近。

也许是由于过分紧张,一个队员失足绊倒了,他手上的粉枪走了火,“砰”地一声枪响,枪声划破了山区寂静的夜空,震撼山谷。

正在悄悄地向三县联络所进发的千人大军,突闻枪声,以为是王玉锦所发的进攻信号,立刻呼啸着向什存村猛扑过去。人声呐喊、刀光闪闪、弓箭纷飞、枪声齐鸣,像洪水奔流,像火山爆发,红毛乡的战斗在星光闪耀的夜幕下展开了。

---

① 打靶为广州方言,即枪毙。

在三县联络所，李有美从梦中惊醒，知道大事不好，便发疯似地大喊大叫，下令将王国兴和所有的黎头立即就地枪决！

可是，他们已经来不及了。枪声传进了牢房，王国兴兴奋极了。“啊！我的同胞们终于起来了，斗争开始了！”他冲向牢门，不顾一切地摇撼着、捶打着。

正在这时，门开了，敌兵端着枪冲进了牢房，王积义立即向敌兵扑过去，敌兵开枪，王积义倒下去了，他是红毛乡牺牲的第一个起义者。王国兴立即扑上前去，扭住了敌兵的枪，敌兵扣响扳机，这一枪把一旁的王启轩打伤了。数名敌兵还没进来，就在门外向牢里扫射，正在王国兴同看守扭打的时候，几名乡长和保长都相继饮弹身亡。这时的联络所已被起义队伍团团围住，国民党官兵争相逃命，起义队伍在黑暗中消灭了匪军十多人，天还没有亮，什存村已被起义队伍占领。

王国兴和王玉锦在相隔数小时后，又相会了！

勇追穷寇　缴获机枪

王国兴刚出牢门，就被起义群众簇拥着，欢呼起来，他们欢呼旗开得胜。可是，这时王国兴还没有心情欢呼胜利，他对起义战士们大喊一声：“快追‘国贼’去！”他从一名战士手里接过一支枪，在黎明的晨曦中，率领着起义队伍向逃窜的残敌追去。

起义的战斗遍及白沙全县，全县的男女老少都参加了这一争取民族解放的斗争。妇女们背着孩子自动组织起来给起义队伍做饭、送椰子水，起义队伍所到之处，都有附近村寨的妇女们送水、送饭，争相慰问。起义队伍越战越勇，人越来越多。

国民党三县联络所的残敌无处躲藏，只好向伪守备二团驻地什向村撤退，沿途不断遭到袭击。

几位起义老人与当年我党儋县副县长王怡亭在起义队伍当年营救起义总指挥王国兴的旧址——什存村合影留念。左一为吉有理（起义队伍代表），左二为王家芳（起义队伍代表、交通队员），左三为王怡亭，左四为王玉林（王玉锦的弟弟、交通站长），摄于1981年。

毛贵、毛栈一带的起义者数百人在王老朋等人的带领下，攻打驻在毛坎、章支头等地的感恩、昌江、乐东三个伪县府。经过三天的战斗，伪官兵百余人，除小部分逃走外，余皆被歼。起义队伍挥师东向，在什统黑村消灭了顽敌数十人，其余残敌向营根村方向逃窜。

这次战斗缴获了四十多支步枪和一挺机枪。与此同时，在王洪顺、王传立的带领下，起义队伍围攻驻在方满村的守敌，攻占了敌人的三个粮食仓库，缴获了不少粮食。

瓮中之鳖——守备团

红雅、通什方面的起义队伍包围了崖县县府。

王国兴亲自率领的起义队伍，此时已将守备二团围困在什向村，敌军依托坚固的工事顽抗，双方正处于相峙状态，毛贵村、毛栈村的队伍也赶来了，这时敌军已四面楚歌。

白沙一区的起义队伍在县城一带扫清残敌之后，整队越过鹦歌岭向南进发，前来支援红毛乡。这支数百人的队伍在 19 日途经细水乡罗任村时，攻下敌人一个据点，夺下了粮食局。在九曲岭下又消灭一部分敌兵，夺取了敌人的军械厂。当天他们到达什向村，同王国兴的队伍会师了。

这时在什向村敌据点的外围已有起义队伍三千余人，国民党的守备二团已成瓮中之鳖。自 19 日至 25 日，敌人企图从东北面的营根村、新市村，从西南面的乐东黎族自治县前来增援。可是，他们在途中不断遭到起义队伍的拦截，始终不能进入红毛乡。

26 日黎明时分，王国兴率起义队伍向守备二团发起了总攻击。正在睡梦中的守备二团团长王弼的蚊帐被打穿，这个家伙从梦中惊醒，匆匆逃命。整个二团团部已被击溃。此时国民党的一个炮兵连从乐东黎族自治县开来，亦被起义队伍包围，连长被打死，活着的都逃之夭夭了。

眼看即将一举歼灭什向村的这股顽敌，不料，天气变化无常的五指山区，突然风雨交加，倾盆大雨把战士们的火药淋湿了，他们手中最主要的武器——粉枪失去了作用。那时黎族群众只会使用粉枪，虽然已缴获了不少步枪、机枪，但是他们都还不会使用，因此起义队伍突然失去了战斗力，枪声一停下来，什向村的守敌便乘机冲出包围圈，向营根村方向逃去了。

胜利的喜悦

自7月12日起至26日，是白沙起义的高潮。

斗争的浪潮不仅席卷整个白沙，而且震撼了整个五指山区，波及乐东、保亭、感恩、昌江、东方、崖县、陵水等所有黎族地区，同时也影响到居住在高山之上的苗族群众，有部分苗族群众也参加了起义。例如，琼中县红毛乡南改苗村和毛阳镇毛兴村的全体苗族群众都参加了起义。还有白沙县一区什空村有八位苗胞，在黎族头人符桂森亲自动员下，也参加了战斗。① 仅白沙县直接参加战斗的黎族群众就有三万余众，计共歼敌八百余人，缴获机枪一挺、步枪三百余支及大批的子弹、物资。

历时半个月的战斗，极生动地显示了黎族人民英勇、顽强和机智、勇敢的战斗精神，显示了他们为争取民族解放，不畏艰险、不屈不挠的坚强意志。

此时的白沙全县已经找不到国民党的一兵一卒，曾经骑在黎族、苗族人民头上作威作福、不可一世的县太爷们，那些喝尽黎族、苗族人民膏血的国民党顽固派，要么丧身在黎族人民的粉枪、弓箭之下，要么丢盔卸甲，逃到外县去了。

白沙县的山山水水恢复了它本来的面目，回到黎族、苗族人民手中了。

“‘国贼’完蛋了！”

“啊——哈！”

“白沙县是我们的天下了！”

黎族百姓一雪心头之恨，个个扬眉吐气，全县人民沉浸在胜利的欢乐之中，庆贺自己的民族得以绝路逢生，而这一命运的改变是靠他们自己的斗争得来的。

---

① 1980年冬天，笔者在白沙县调查时，什空村参加起义的八位苗胞中，有五位还健在。

白沙县什空村参加起义的部分苗族老人，摄于 1981 年。

王国兴也同样被这一胜利所鼓舞，他和群众共庆着胜利。但他提醒人们，必须警惕敌人的反扑。他估计牙叉县城将是敌人反扑的主要目标，便亲自到牙叉县城布置挖壕沟、塞路、围村，还将起义队伍进行整编，建立了岗哨，安排了交通联络。

白沙县人民的英勇斗争使敌人胆战心惊，此后一个多月，国民党顽固派偃旗息鼓，不敢向白沙县靠近一步。

第五章 在血泊中挺立

“国贼”卷土重来 万余黎胞丧生

黎族人民的起义对于国民党顽固派是致命的打击。因为当时海南沿海及各重镇均为日寇占领，白沙以外的各县均有我抗日队伍神出鬼没、出奇制胜的活动，他们难以找到立足之地，白沙县已经是他们唯一能赖以苟延残喘的地方。为此，他们千方百计地企图扑灭黎族人民起义的火焰，以图在白沙县安身立命。与此同时，国民党反动当局同日寇暗中勾结，签订了“划地分防”“互不侵犯”“共同防共”的投降协议。

白沙起义前后，日寇正以重兵向我各抗日游击区进行“蚕食”“扫荡”，我抗日军民正进行着艰苦的“反蚕食”“反扫荡”斗争。国民党反动当局利用了这个时机，经过一个多月的阴谋策划，集中兵力达数千人，全力镇压黎族人民起义。

9月底，国民党反动军警兵分三路，第一路由王弼率守备二团从加钗村向红毛、毛栈、毛贵一带进攻；第二路由丘岳观率专员公署自卫大队从琼山县的加林村向细水、元门、白沙、牙叉一带进攻；第三路由陈文材率游击大队从儋县的雅星村向七坊、光雅、牙叉一带进攻。他们气势汹汹，开始向白沙县人民猖狂反扑！

大敌当前，起义队伍同仇敌忾、奋勇抗击，表现了大无畏的牺牲精神。但毕竟是敌强我弱，因无正规武器，又缺乏军事常识，只能凭着勇敢去正面迎敌。开始几天，起义队伍伤亡惨重，仅在合口村、和群村两地的战斗中，起义队伍就牺牲了数百名壮士。

全县的起义队伍在反动派的强大压力下，几天内全部解体，各乡的首领带着一部分队伍，躲进了附近的深山密林。

敌人开始了疯狂的大屠杀，他们叫嚣：“斩尽黎子！杀绝苗人！”对黎族和苗族的村寨实行“三光”政策，村村寨寨大火熊熊，留在村里的老弱妇孺成了敌人的砧上肉，每天都有人被处死，甚至是全村老少被集体枪杀。

反动派使出了历代反动统治阶级欺骗少数民族的惯技：先施以政治欺骗，后施以残酷暴行。

他们设下了一个召集各村黎头喝“悔过酒”的圈套，声言只要黎族各村头人和起义者下山赴宴，喝完“悔过酒”，便既往不咎。

忠厚的黎族百姓信以为真，元门、白沙等地便有二百余人前往表示“悔过”，结果，酒后他们全部被处死了。

反动派对起义群众实行疯狂报复，其手段之残暴也是闻所未闻的。他们将起义者绑住，在其腹部划一刀，从背部猛踢一脚，使之肝胆均抛出体外，割其肝胆，让伤者慢慢死去。

对起义的峒长们更为残酷，往往是剥皮之后，浸以盐水，待其将死，再剖腹取胆。有的则将义士的前额活生生横切开，剥下皮将眼睛盖住，然后再施杀术……其残忍无度，令人发指。

参加起义的勇士们大多数是英勇无畏地战死沙场的，也有不少人是怀着暂且委曲求全，以期东山再起的幻想去表示“悔过”的。但事与愿违，他们都惨死在屠刀之下了。

例如王公护，他是元门乡乡长，亦是白沙县著名的头人，在群众中颇有影响。面对强敌，他想以“悔过”的假象去迷惑敌人，再图复仇大计，结果却惨遭敌人杀害。①

---

① 过去有关白沙起义的文章，一般都把王公护看作叛徒，本书在此将他列为义士。笔者的根据是，白沙起义尚存的参加者反映，王公护在牺牲前曾表示他去“悔过”乃是缓兵之计，希望有朝一日东山再起，还劝别人不要灰心。因此，笔者认为说他是叛徒是不公正的。当然，他的斗争方法是错误的。他的儿子就选择了另一条道路，跟随王国兴参加了琼崖纵队，成为一名英勇的革命战士，后在保卫五指山革命根据地的一次战斗中光荣牺牲。

勇士们在生死关头尽管表现得缺乏政治远见，然却都不愧为壮烈牺牲的志士，他们为民族解放宁死不屈、从容就义，他们死得光明磊落、浩气凛然。他们用鲜血和生命谱写了许许多多值得永远传颂的悲壮史诗，也写下了值得永远记取的教训。

烈士王定江　誓死不降

王定江是细水乡起义队伍的实际领导者。他是临高人①，原住临高县和舍村，大革命时期参加革命。蒋介石背叛革命以后，他仍坚持革命斗争，是我党地下联络员，后因叛徒出卖，联络站被破坏，他突围逃入白沙县细水峒，在黎村娶妻、生子，同黎族同胞结下了深厚情谊。

王定江对白沙起义起了积极推动的作用，他在战斗中冲锋陷阵、英勇无畏。当起义遭到残酷镇压时，他曾想从合口村出临高县去寻找党的队伍，不幸在合口村被俘，他坚强不屈、至死不降，敌人将他活活剥皮、剖腹、挖肝、取胆，暴尸示众。

铁汉王亚福遭暗算

王亚福是白沙峒什阳村人，他领导的什阳斗争取得了胜利，在群众中呼声很高。在白沙起义中，他是一名卓越的指挥者，身先士卒、英勇顽强，不愧为铮铮铁汉。起义失败后，他带领部分义士退入深山，拒绝了敌人的一切威逼利诱，坚持斗争。后来敌人使出奸计，派人进山用毒酒将他杀害。

---

① 临高人操与壮语相近的临高话。民族工作者认为他们是少数民族，目前，其族属尚待进一步确定。

符松龄傲然赴死

白沙乡乡长符松龄的死更是一首悲壮的歌。他在山上听说反动派限令他三天之内下山自首，否则“召傲三斤以上不留头”。符松龄作为召傲村头人，便决定以自身的死去换取全村父老的生命。

在山上的义士们纷纷规劝他：“乡长，你一下山肯定就没命了，不能去啊！”

符松龄回答说：“全村人的命重，我一个人的命轻。”他拒绝了大家的挽留，毅然下山去了。

符松龄在弟弟符亚农的陪伴下回到村子，向妻子和年幼的儿子告别，并告诉他们，织布机藏在后山坡上，好好传下去。召傲村的全体村民哭着送别他们的头人，为救全村父老，他就这样无畏而坦然地走向敌人的屠刀！

反动派果然残忍至极，立即将符松龄兄弟两人杀害了。

毫无人性的刽子手在杀害他们之后，竟然还向符松龄兄弟的寡妻索取50块大洋，作为送他们的丈夫“上黄泉”的“路费”！

少数败类　背叛投敌

和这些义士相反，也有一些在起义中表现得犹豫不决的头人，在反动派的威逼利诱之下，背叛起义群众，投降敌人，甚至反过来屠杀自己的同胞。如毛栈乡乡长王玉进，降敌时还带走了起义群众缴获的四十多支步枪和一挺机枪，重新当了乡长，为虎作伥。

又如红毛乡的保长王启轩，他在三县联络所狱中被国民党打伤，是起义群众将他救出来的，而他却投降了敌人，当了“招抚员”，后来又升任红毛乡乡长。他亲自带路搜捕起义群众，多次企图杀害王国兴，以邀功请赏。

起义被镇压　黎胞手无寸铁

起义被镇压下去了。反动派在白沙县重建了他们的反革命秩序。他们首先办了两件事：一是限令群众立即交出暴动期间所缴获的武器；二是要各村寨赔偿政府人命及一切损失。

执行第一项的结果是，起义群众所缴获的枪支、弹药，连同他们自己的猎枪、弓箭、大刀、长矛都被清缴，黎族百姓被剥夺了一切可以抗争的武器，最终手无寸铁了。

执行第二项的结果是，黎族百姓的一切财产被剥夺殆尽，仅被反动派牵走的牛就达三万余头。黎族百姓无不陷入了完全的赤贫境地。

国民党卷土重来一时得势，反动气焰极为嚣张，血腥的大屠杀持续了几个月，万余黎族百姓丧生，仅红毛乡被害群众就达七千余人。一次，反动派抓了红毛乡的起义群众一百五十余人，全部拉到王国兴的老家番响村处决。起义前，红毛乡人口为一千八百余户，近万人，据 1947 年红毛地区土地改革时的统计，全乡只五百余户，两千余人。①

王国兴的两个女儿也被反动派抓走了，一个被匪兵踢下水溺死，另一个被卖异乡（王国兴的这个女儿在解放后已找回来）。王国兴的九个堂兄弟参加了起义，其中三人被杀害。

王国兴故乡的每一寸土地都洒遍了黎族同胞的鲜血。

弹尽粮绝　撤上鹦歌岭

五指山下处处大火熊熊，起义群众血洒白沙大地。

① 过去的有关资料称红毛乡被屠杀的人数不止此数，这里是据五指山根据地土改工作团的历史记录计算的。

在血腥的恐怖之中，还有坚强的战斗者，他们没有被敌人的凶险所吓倒，他们拒绝一切欺骗和利诱，他们摒弃一切“悔过自新”的道路，毅然从血泊中站起来，继续战斗下去。这就是以王国兴为代表的王玉锦、王正成[1]、王高定等一批坚强的黎族英雄战士们，他们继续高举着白沙起义的旗帜，坚持不向一切邪恶势力低头。他们要走一条同王公护、符松龄不同的道路。

在强敌的追歼之下，红毛乡的起义队伍被打散了。王国兴率领的一支队伍，在英勇抗击敌人以后，被迫退到得南和牙万两个靠山的村子。

他们把村子周围的树砍倒，横七竖八地立下障碍。在那里，他们同敌人血战了三天三夜，火药用完了，箭也射光了，就用石头做武器，直至弹尽粮绝。敌人还在不断调集兵力，王国兴他们则伤亡惨重，眼看已无力抵挡。

王国兴对大家说：“兄弟们，这里挡不住了，我们只能上山去，有种的跟我走！”起义群众对王国兴抱着极大的信任，跟随他，顺着村后的山坡，撤退到山高林密的鹦歌岭。[2]

王国兴还活着，还在鹦歌岭坚持斗争的消息很快就在黎族百姓中间传开了，不少人扶老携幼上山来投奔他们所信赖的起义总指挥，在鹦歌岭上追随王国兴的有近两百人。

那时，国民党顽固派在所有的山口都放了岗哨，严密封锁了一切大小道路。他们得知王国兴带领队伍上了鹦歌岭以后，就把鹦歌岭周围的村子全部烧光，连一间茅屋也不留下，切断了群众同山上的联系。他们还到处张贴捉拿起义首领的告示，悬赏一千块大洋收买王国兴的人头。后又升值为两千块大洋收买王国兴的人头，一千块大洋收买王玉锦的人头。匪军日夜搜山，叛徒四处活动。

王国兴带着大家在山上挖山薯、割竹笋、找野菜、采野果充饥，不过几天，两百人的队伍就完全陷入了饥饿无援的境地。

王国兴望着这一支缺乏战斗力的队伍，心情异常沉重。经过一番考虑，

---

① 王正成是红毛乡毛西村人，是白沙起义的骨干分子。起义后，被选派到琼纵部队受训，是黎族中最早成长起来的军事指挥员，后任黎族武装猛进队队长。解放后曾任海南黎族苗族自治州组织部长、统战部长等职务。

② 鹦歌岭的海拔高达一千八百余米，是海南岛著名的高峰，与五指山东西对峙。

他决定要精简人员，以便能坚持战斗下去。一天，他把大家召集到一起，对大家说："乡亲们请相信我，我王国兴只要活一天，就要同'国贼'斗一天，死也不会投降的。今天大家都看见山上没有东西吃了，如果大家还是跟着我，就会全饿垮的，大家还是先下山，回家去，以后再想办法吧。"他还鼓励大家，黎族人民是杀不绝的，总会有出头的日子。

在王国兴的劝说下，大多数人忍痛下山去了。日后这些群众想方设法用各种方式给山上的起义队伍送口粮、送食盐、送情报，对在山上坚持斗争起了很大的作用。

但是，有几十个人无论如何也坚决要随王国兴坚持在山上。由于敌人严密封锁、日夜搜捕，断绝了同山下的一切联系，他们在山上的处境日益艰难。

五指山区的夜晚山风呼啸，八九月正值海南雨季，风雨交加，他们赤裸着身体无遮无盖，有的人钻进枯枝败叶和茅草之下取暖，有的人躲进山洞避风，蚊虫、蚂蟥、风雨、瘴气，使不少人染上疾病。饥饿和疾病同凶恶的敌人一样摧残着这些不屈不挠的勇士们，死神时刻在威胁着他们，多数人已瘫倒在地，眼看这支队伍已经处在生死存亡的边缘。

王国兴的心像压着千斤重担，但他丝毫没有动摇，表现了非凡的勇气。他对同伴说："我们大家活在一起，死在一起，绝不能向'国贼'低头！"他把青年人组织起来帮助伤病者，又派几个青壮年出去侦察情况，设法同王玉锦等人联系。

王玉锦退守什寒山

起义队伍被打散后，红毛、毛栈、毛贵一带的起义战士分别撤到山上。王玉锦带着七十多人上了什寒山；王元喜、王老伦带着八十多人上了毛兴山；王正立和柯开池带着部分队伍上了什丘岭。他们在山上与鹦歌岭上的义士们一样备尝艰辛。

被围困在山上的各支起义队伍，在艰苦的境况下坚持着。经过一个多月的时间，分散在几个山头的起义队伍终于互相取得了联系，王国兴约王玉锦等人到什乒村秘密相会。

找红军[1]——唯一的出路

10月的一天，王玉锦、王高定、王玉林、王家芳、王正立等人和王国兴在什乒村相见了。劫后余生，他们都无暇庆幸自己生还，而在为同胞们的命运深深忧虑。

王国兴问大家："怎么办?"大家都表示绝不投降、绝不散伙。王国兴听后说："弟兄们，这正是我要说的话。就是死也绝不能投降。但是我们一定要想个办法，不能眼看着'国贼'把我们黎人杀光啊！大家赶快想办法吧！"

他们议论了好长时间，绞尽脑汁也没想出个好办法来。这时，王玉锦告诉大家，他在当兵的时候，曾经到过广东省与江西省接壤的地方，那里的村子只有老人、小孩和妇女，青壮年都随红军走了，有些国民党军队里的军官也跑到红军那边去了，还有的军官把队伍也拉过去了。他说："我想这红军一定是很好的，不然为什么老百姓都跟红军走，国民党的军官连官都不做，去投红军呢?"

听了王玉锦的话，王国兴想起在他年轻的时候，就听说过的许多红军闹革命的传说。那是在大革命时期，黎族人民早就同汉族人民一起并肩战斗。土地革命时期，在黎族同汉族杂居的陵水县成立过海南岛上第一个工农民主政权——陵水苏维埃，有数以千计的黎族人民为了建立和保卫这一革命政权而献出了生命。中共陵水县委的第一任书记黄振士就是黎族。黄振士是陵水县文罗乡坡村人，早年在陵水同仁学堂读书，1923年到广东大学（今中山大学）文学院就读，1925年加入中国共产党，是陵水县早期农民运动杰出的领导人和陵水县苏维埃政府的主要组织者。1929年在革命战争中光荣牺牲。

1939年，冯白驹领导的琼崖抗日独立总队已经扩大至千人，在琼山、文

---

① 起义队伍是以找红军开始新生的，故他们习惯称我军为红军。

昌、定安一带开展游击战。次年，独立总队在澄迈、临高、琼山三县交界处的美合地区建立了新的抗日根据地。至年底，这支队伍已经发展到2500人，活动地区遍及琼山、文昌、澄迈、临高等11个县。同时，琼崖东北区抗日民主政府成立，武装队伍不断扩大并团结了岛内外的抗日力量，抗击着日军五个警备队六千余人以及伪军五千余人的野蛮进攻。

王国兴对此虽然知之不详，但是共产党、红军为劳动人民的解放英勇战斗的许多动人事迹，早已流传到他的家乡。他的父亲王政和老人在去世前，曾对他说过："世上只有红军是不会欺负俫黎人的。"这些都给他留下极深的印象。他在汉族地区当挑夫的时候，也听说过独立队既打日本仔，又打"国贼"，很厉害，他想那可能是红军！王国兴对大家说："我们海南岛也有红军的，如果能找到他们就好了！"

可是大家都不知道红军在哪里。有的人说："红军再好，看不见、摸不着，远水救不了近火啊！还是先找日本人来打'国贼'救俫黎人要紧。"当时日军的据点是公开的，五指山周围都有，而红军在哪里呢？谁也不知道。其中有些人坚持说："就算求妖打鬼也要试试看。"于是，一些被敌人逼上梁山而又迷失了方向的义士们坚持说不妨去找日本人试试。当然，日本侵略者怎么可能帮助要求革命、要求解放的黎族人民呢？事实告诉他们，找日本人的路是行不通的。

王国兴和王玉锦坚定地说服大家："找红军去，这是我们唯一的出路！"

2008年10月，新发现的王国兴手稿共17页。有发动起义的日期，有在鹦歌岭坚持斗争，有王国兴亲自下山找共产党及派出代表寻找共产党，有王国兴与冯白驹歃血结盟、组建白保乐人民解放团，还有党代表廖之雄、王茂松、郑放等到达五指山区帮助王国兴发动群众坚持斗争等内容。

由于王国兴是用海南方言，或许还有是用黎语套用汉文记述的，有许多字句尚有待分辨。现在读者所见乃是其中已辨认出的片断之大意。

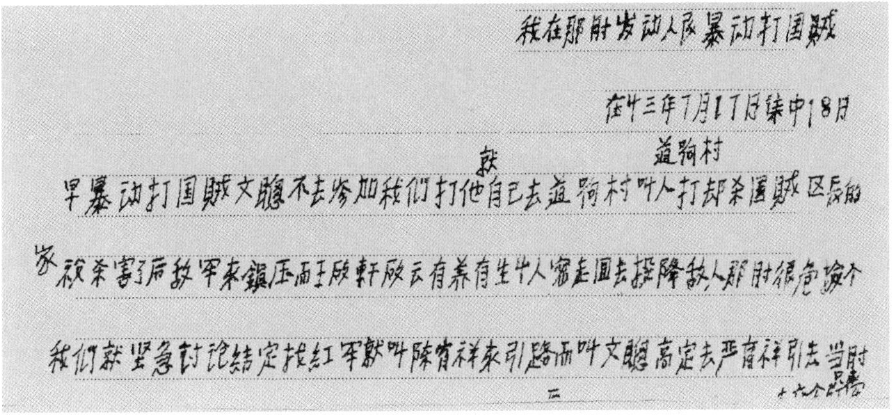
我在那时发动人民暴动打国贼

在卅三年7月17日集中18日

早暴动打国贼文聪不去参加我们打他自己去道狗村叫人打劫杀国贼区長的家被杀害了后敌军来镇压而王啟轩啟云有养有生4人密走回去投降敌人那时很危险个

我们就坚急討论结定找红军就叫陈肖祥来引路而叫文聪高定去严肖祥引去当时

有关在红毛地区发动起义的具体时间、敌人开始镇压、有人投敌背叛、王国兴紧急决定去找红军：

我在那时发动人民暴动打国贼……（19）43 年 7 月 17 日集中，18 日早暴动……敌军来镇压……王啟轩、（王）啟云、（王）有养、（王）有生 4（四）人密走（秘密）回来（下山），投降敌人，那时很危险……我们就坚急（紧急）讨论结定（决定）找红军……

放火烧山見黑就打死見牛就拿回那时候也日日听群众死山也烧光米谷也烧

光牛馬也要去了

记述起义被镇压的情形：

国贼……放火烧山，见人就打死，见牛就牵去，那时候也日日（每天）听（到）群众（被杀）死（的消息），山也烧光，米谷也烧光，牛马也要去了（抢走了）。

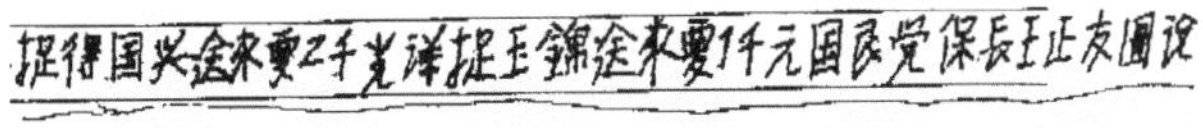
捉得国兴送来要2千光洋捉玉錦送来要1千元国民党保長王正友围说

记述反动派悬赏捉拿王国兴、王玉锦等起义领导人的史实：

如果你人（能）捉得（王）国兴送来，要（给赏金）二千光洋，捉（王）玉锦送来，要（给赏金）一千元……

第六章　红霞引路

红军，你在哪里

王国兴决心去寻找红军，会后便独自一人悄悄地下了山，到他当挑夫时，常去的岭门村打听红军的下落。没有结果，便想到万宁县去寻找。

这时有熟人告诉他：“大总管你可千万不能露面啊！‘国贼’到处在悬赏买你的头，他们见到黎人就盘问，你走不过去的。”

下面记述的是派起义战士为代表，去寻找共产党的情形：

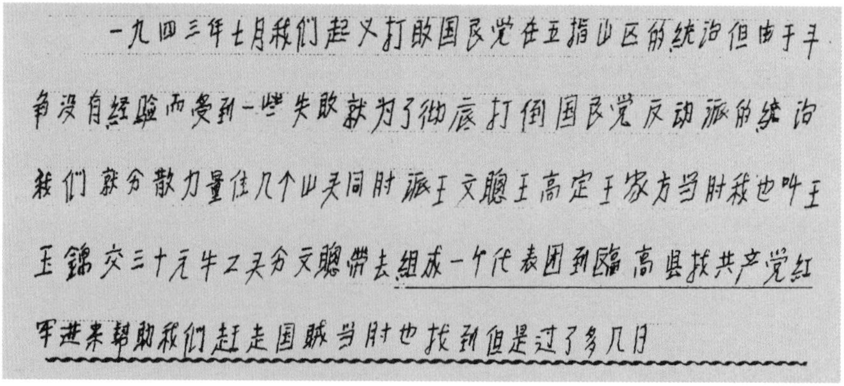
一九四三年七月我们起义打败国民党在五指山区的统治但由于斗争没有经验而受到一些失败就为了彻底打倒国民党反动派的统治我们就分散力量住几个山头同时派王文聪王高定王家方当时我也叫王王錦交三十元牛乙头分文聪带去组成一个代表团到臨高县找共产党红军进来帮助我們赶走国贼当时也找到但是过了多几月

王国兴又想转到白沙一区去，再从那里到临高县、儋县，去寻找红军。

又有熟人告诉他，王定江和王传贵都在出白沙县往临高县的路上被敌人抓住杀害了，从白沙县通往外县的各条道路都被封锁了。王国兴只好又返回鹦歌岭。

自回到鹦歌岭以后，他想着寻找红军这件事，心情苦闷、坐立不安、日夜苦思：“啊！红军，你在哪里？”

神奇梦境

俗话说“日有所思、夜有所梦”。也许是想得太多了，一天夜里，他做了一个奇怪的梦，梦见五指山上飘着五朵红霞，红霞里隐隐闪现五面鲜艳的红旗，把半边天都染红了，红旗招展，指向东北方。

他正看得出神，忽见一支队伍举着红旗，扛着枪，从他面前走过，嘴里还唱着悦耳的歌。队伍里有人向他招手，他想跑过去问他们：“你们是红军吗？”可是两条腿不听使唤，怎么也抬不起来，他一急就醒过来了。[①]

这个梦是真的，还是假的呢？也许是真的，也许是王国兴为了引导大家走上一条光明的道路而编出来的故事亦未可知。

不管怎样，这个梦很快就在五指山流传开来。它对于在血泊之中的幸存者来说，就像在茫茫大海之中看见了陆地，在黑沉沉的夜里看见了灯光一样，给了处在绝境之中的黎族同胞一线光明的希望。

千难万险找救星

当下，王国兴把这个奇怪的梦告诉了山上的兄弟们。大家都认为这是神

---

① 关于这个梦的真实性众说纷纭。在寻找党的起义代表们到达临高县办事处的时候，当起义代表们见到冯白驹时，都叙述过这个梦，而且它很快就在琼崖革命队伍里传开了。以后有人问过王国兴是否真有其事，王国兴未置可否，只是默默地笑了笑。

的指点，那支举着红旗的队伍是来搭救黎族出火坑的，红旗指向的东北方那边一定是红军所在的地方。于是王国兴同王玉锦等人商议，立即派人到白沙县东北面的临高县和儋县边境去找红军。

他们向群众募捐了一些钱，王国兴亲自挑选了王高定、王文聪、吉有理、王家芳等为代表。他还要略通文墨的王高定写了一张请求红军派兵讨伐“国贼”的呈文（据说这是一份血书）。

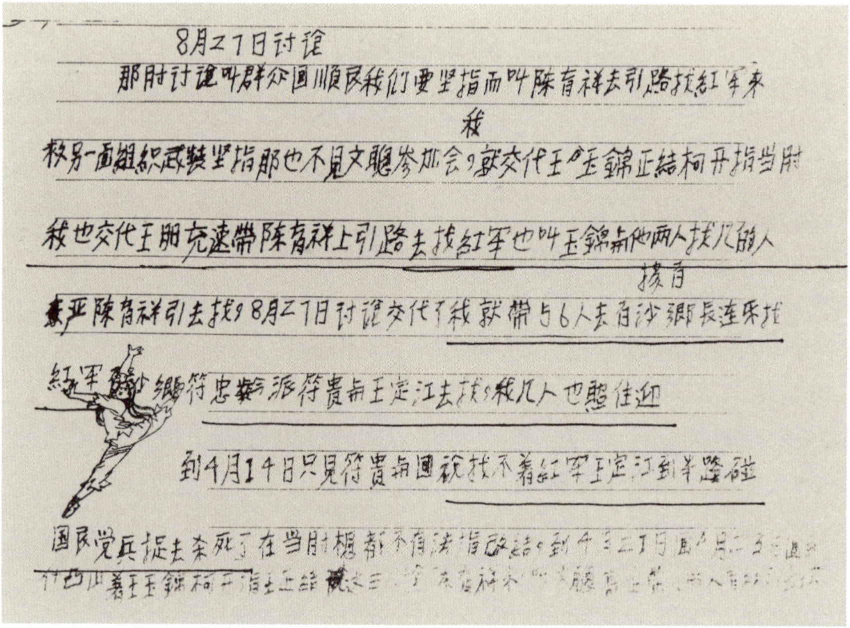
8月27日讨论
那时讨论叫群众国顺民我们要坚指而叫陈育祥去引路找红军来救
救另一面组织武装坚指那也不见文聪参加会 我交代王玉锦正结柯开指当时
我也交代王朋充速带陈育祥上引路去找红军也叫玉锦与他两人找几的人
到9月14日只见符贵与回说找不着红军王定江到半路碰
国民党兵捉去杀死了

记述坚决寻找红军的决心与行动，以及王定江在找党的途中被杀害的史实：

我……叫陈育祥去引路找红军来救（黎族人民），另一方面组织武装……我交代王玉锦……交代王朋充速带陈育祥……引路去找红军，也叫玉锦与他两人找几（个）人……8 月 27 日讨论交代（好）了，我就带 56（五六个）人去百沙乡（白沙乡）……找红军。白沙乡符松龄派符贵与王定江去找……到 9 月 14 日只见符贵与……回（来）说找不着红军，王定江半路碰（到）国民党兵（被）捉去杀死了……

在代表们出发之前，王国兴对他们说：“只有找到红军，我们黎人才有生路，你们一定要想办法找到红军啊！”代表们都表示：“大总管放心吧，找不到红军，我们就不回来见你！”

寻找党的代表先后三次出发。代表是王高定、王文聪、吉有理、王家芳、王国深、王国符等人。他们向着王国兴梦境指示的方向，先后经过一个多月的时间，往返跋涉了三次。第三次，他们重新筹集了数百光洋，担上箩筐，伪装成去贩盐的样子，带着一只狗，将呈文藏在竹筒里，穿在套狗的绳子上，又开始了艰苦的旅程。

他们秘密地潜下鹦歌岭，专门选择没有道路、渺无人烟、荆棘丛生的深山悬崖行走。绕过敌人的封锁线，经过十多天的时间，终于找到几位热心的汉族同胞王亚狗、王国良等人。他们告诉代表们，红军是共产党领导的队伍，如今改名叫琼崖抗日独立总队了，并将他们带到了临高县和民乡（现属儋县）的能仁村。这是我党临高县委和临高县办事处所在地，琼崖抗日独立总队第四支队就在这一带活动。

独立总队来了特别的客人

这已经是 1943 年的冬天了。[①] 历尽千辛万苦的起义代表们这时已经疲惫不堪，他们披头散发[②]、胡子拉碴、面黄肌瘦，一条白藤扎在腰间，那上面吊着用以遮掩下体的“扁辫”[③] 已经被沿途的荆棘撕成了破布条。

临高县委书记冯安全、临高县长符英华、四支队长马白山，看到眼前的情景，泪水禁不住流了下来。

代表们一下扑到他们面前，激动地放声哭起来。代表们一边哭、一边喊：

---

① 不少同志著文关于起义代表找到共产党的时间，说法不一致。此处是根据吉有理、冯安全、符英华、朱家玖、郑放等同志的回忆，以及冯白驹同志的文章加以推算的大概时间。

② 解放前黎族男子蓄发，将头发盘在头顶上。

③ “扁辫”，黎语，系指男性用来遮掩下体的一块分成前后两片的遮羞布，海南方言为“吊”。

“红军啊！共产党啊！你们原来在这里呀！快去救俫黎人吧！”代表们郑重其事地取出呈文，交给了符英华。

那呈文的大意是：黎人受“国贼”残害，被迫反抗，现今被围深山，眼看要被剿灭，特求红军火速解救。

符英华告诉他们，共产党是为解救劳苦大众而奋斗的党，国民党顽固派是我们共同的敌人，黎族人民的深仇大恨一定要报！

临高党政机关的工作人员紧急动员起来，发起募捐，给代表们捐献了生活必需品。在日寇和国民党顽固派的夹击之下，物资匮乏，他们却想方设法地置办了一桌相当“丰盛”的酒菜，宴请黎族人民的几位代表。

代表们亲身感受到了共产党人对他们情同手足、情深意挚，非常激动。他们相信眼前的这些人就是他们的大总管梦里见到过的红军，是能够把黎族人民救出苦海的。于是代表们提出要同共产党饮鸡血酒，对天起誓，共结同心。他们的提议立即被接受了。

起义代表邀马白山　古板村歃血结盟

在一个晴朗的早晨，马白山、符英华和代表们一同来到清平乡古板村的后山坡上，按照黎族传统的风俗习惯，举行了歃血盟誓的仪式。

马白山和符英华代表共产党和琼崖抗日独立总队庄严宣誓：“我们一定全力支持黎族人民的斗争，努力奋斗，消灭国民党顽固派，替黎族人民报仇！”

黎族代表们也庄严宣誓：“一定跟共产党一条心，杀“国贼”，不背叛！如有背言，雷打火烧！”

宣誓完毕，代表们紧紧抱着马白山和符英华，激动地叫“父母官”！

代表们在这里住了一段时间，他们对革命队伍有了比较多的了解，更急切地要求迅速派部队进白沙县打“国贼”。四支队队长马白山当即派人将王高定、吉有理等代表送到澄迈县美厚山区，在那里琼崖特委书记兼琼崖抗日独立总队总队长冯白驹接见了他们。

冯白驹在解放后，回忆当时的情景时，曾做了极为生动的描绘，他写道：

"一九四四年初春，我带着部队在澄迈县美厚山区休整，一天我正和纵队（总队）几个负责干部研究情况，忽然，一个战士从山下带来三个黎族兄弟。他们下身围着一块破布，上身穿着稀烂的破布条条，手里拄着拐棍，在初春的飒飒寒风里，哆嗦着走来……"①

代表们知道冯总队长是琼崖共产党的最高领导人，立即恭恭敬敬地向他行鞠躬大礼，头几乎碰到地面。他们拉着总队长的手，哭着说："总队长快救救俫黎人吧！"

冯白驹向代表们详细地询问了白沙起义的全过程，并关切地询问王国兴等起义领导人的情况。他还向代表们介绍了我党我军的宗旨和当前的敌我形势，鼓励他们坚持斗争。

黎胞寻找党　党也找他们

正当黎族人民派出代表寻找党的时候，党也在寻找他们。

由于敌人的严密封锁，白沙起义的消息很迟才传出来。琼崖特委在得知黎族人民战斗的喜讯以后，立即指示四支队和临高办事处派联络员前往白沙县联系。同时指示三支队派人前往吊罗山，联络苗族首领周海东，通过苗族群众打听白沙起义队伍的消息。但是，因为起义已遭血腥镇压，小部分起义队伍又隐蔽在密林深处，而无法找到他们。正在这个时候，起义队伍的代表找党来了。

黎族人民的起义对琼崖党政军领导是极大的鼓舞。他们对白沙县的形势进行了分析，认为黎族人民的起义为我军进军白沙县，开辟五指山革命根据地创造了条件。

关于建立琼崖五指山革命根据地的问题，党中央早就有过明确的指示。1940年11月7日，中共中央书记处在给琼崖工作指示的电报中指出："认真在三十余万黎民中进行艰苦联络工作，尊重他们的民族风俗习惯，使他们信

---

① 冯白驹：《五指山尖五朵红霞》，载《民族团结》，1957（2）。

任我们，不仅使他们不为敌伪所利用，而且要使他们与我们一起抗战。必须认识他们所在地的五指山脉一带山地，将是我们长期抗战的最后的可靠根据地，其他沿海地方都有敌伪盘踞的可能，只有有了黎民山地作为我军的巩固后方，我们才能支持长期抗战。”①

但是当时琼崖的实际情况是，国民党反动当局正在制造反共、反人民的内战，我抗日军民处于日寇和国民党顽固派的夹击之下，腹背受敌，我军当时正全力以赴对付敌人的疯狂进攻。

冯白驹在解放后，曾就这一问题，回顾当时情景说：“因当时日寇‘蚕食’‘扫荡’很紧张，部队、机关流动性很大，无余力照顾。”他还说道，由于当时各方面条件不成熟，同时，在民族地区开展工作的问题在琼崖党的领导同志中认识也不统一。他分析了一些历史事件对琼崖党的影响：

1927 年“四·一二”政变后，我党曾在少数民族地区发动群众，组织革命斗争，革命形势迅猛开展，陵水、万宁、崖县、保亭等地的黎族、苗族同胞参加了斗争。各民族组成的农军曾两次攻占陵水县城，并成立了海南岛第一个工农政权——陵水苏维埃政府。

后来，当反革命势力猖狂反扑的时候，黎族头人王昭夷背叛革命，不少共产党的优秀干部惨遭毒手，使革命遭受了严重的损失。王昭夷是陵水县保城镇（现该地改属保亭县）黎族大地主，他于大革命中混入革命队伍，骗取了党的信任，被委为东路红军副总指挥。1928 年 3 月 20 日，他将从崖县藤桥撤出的红军一百多人骗到吊罗山下七弓河边，演出了一折“鸿门宴”。红军干部、战士一百多人，除几名幸存者冲出重围外，全部被害。这次事件就是震惊海南的“七弓血案”。

1932 年，陈汉光肆虐海南之时，陵水县大里村黎头王大忠叛变革命，致使吊罗山革命根据地瓦解。

以上事件令许多人对开展少数民族地区的工作心有余悸。②

现在，白沙县人民在王国兴领导下，以数万之众揭竿而起，反抗国民党反动当局的统治，他们不屈不挠的斗争精神，反映了黎族人民革命的觉醒，

---

① 转录自中国人民解放军军事科学院史料，原件藏中央档案馆。

② 参见《冯白驹同志访问录》，原件藏广东省民族研究所。

同时对于琼崖党的领导也产生了重大的影响。琼崖党的领导从白沙起义中认识到应该有效地、坚决地支持少数民族人民的革命斗争，团结各族人民一起起来反对共同的敌人，去夺取抗日战争的胜利和争取全岛的解放。冯白驹说："直到起义以后，琼崖党才注意到开辟民族地区的工作。"① 这是符合当时历史情况的。

共产党代表　首进五指山

特委在分析白沙形势之后，决定立即派出一个武装工作组，前往鹦歌岭进一步了解情况，指导黎族人民开展武装斗争。工作组由懂政治、懂军事、能独立工作的四支队参谋廖之雄②、略通黎语的儋县抗日民主政府民政科长王茂松（后改名王昌）和两名战士组成。

1944年初，武装工作组人员化装成国民党的游击队，起义代表吉有理扮作挑夫来带路（其余起义代表王高定等人已留在四支队受训），他们还带着起义队伍急切需要的硫黄、火柴、弹药，以及革命队伍在异常困难的情况下，为支援黎族弟兄而抽出来的衣服等，向白沙县进发。

他们一行经过三天三夜的跋涉，步行一百多里，较为顺利地通过了重重封锁线。只是在渡南渡江大边河的时候经历了一些风险。当时正值雨季，江水暴涨，渡船锁在对岸的税务所，有哨兵看守，强渡不可能，只能智渡。他们在江边等到晨曦来临，借着浓重的晨雾，伪装成国民党保安六团的队伍，呼喊渡船，骗过哨兵，安然渡过了大边河。

武装工作组先到达什寒山，会见了王玉锦，然后立即赶往鹦歌岭，去会见白沙起义的总指挥王国兴。

王国兴在派出代表们去寻找共产党和红军以后，便日夜等候他们的消息。他曾对王玉锦说："我们一定要找到红军，如果高定、文聪他们这次找不到，

---

① 《冯白驹同志访问录》，原件藏广东省民族研究所。

② 廖之雄在"文化大革命"中被迫害致死，去世前任海口市港务局政工科长。

下次我自己去找。就是死也要把红军找到。”可见，他是多么急切地盼望着找到革命的引路人。当代表们一去一个多月杳无音讯的时候，他非常不安、痛苦，甚至绝望。他对同伴们说：“如果真的找不到红军，我们大家就吃牛罗果①，大家一同去死，也不能向‘国贼’投降!”这表明了他宁死不屈的决心。

武装工作组在傍晚来到鹦歌岭的半山腰，王国兴迫不及待已从山上下来迎接。他见到共产党红军果真派人来了，大喜过望，就像见到久别的亲人，情不自禁地一把抱住廖之雄和王茂松，泪如泉涌，连声叫“父母军”。他说：“俫黎人日盼夜盼，盼到了，‘父母军’真的来了!”

对于王国兴，父母者，乃是生身的至亲骨肉，是至高的、无比崇敬的称呼。一声“父母军”，表达了他对共产党和人民军队的无限深情，这是从他肺腑迸发出来的真挚情感。自此以后，黎族人民和五指山区的群众都把共产党的各级领导亲切地称为“父母官”，把琼崖纵队称为“父母军”，把共产党称为“父母党”。

黎族人民的革命斗争从此就在共产党的旗帜下，走上了一条崭新的胜利的道路。

---

① 牛罗果是一种含有剧毒的野果。

第七章　转战鹦歌岭

黎民工作委员会

1944年春天，琼崖特委决定成立黎民工作委员会，以加强对起义队伍的领导。黎民工作委员会由临高县委副书记朱家玖、四支队宣传股长郑心梓(后改名郑放)、参谋廖之雄等组成。当时廖之雄已经在鹦歌岭。

春节过后，朱家玖、郑心梓带着几名武装人员，由黎族代表做向导，向五指山区进发。他们带去了冯白驹写给王国兴的一封信。冯白驹在信中热情地赞扬了黎族人民的斗争精神，鼓励他们坚持斗争。

解放后，冯白驹在回忆中描写了这么一个细节："他们临走时，我们部队发起募捐活动，虽然我们也缺少衣服，但还是尽量抽出部分给他们带去，送给没有衣服的黎族同胞。"①

他们还带去了手榴弹、火药、火柴等。在当时物资和武器、弹药奇缺的情况下，给起义队伍带去的这些物品无疑是极为珍贵的。

---

① 冯白驹：《五指山尖五朵红霞》，载《民族团结》，1957（2）。

千人千斤米

王国兴原以为找到共产党、红军，大部队就会开过来，一下子就能把国民党反动军队消灭了。但当他看到武装工作组只来了几个人，现在黎民工作委员会来了，也是几个人，后面并没有部队的时候，便感到失望，情绪低落、沉默不语了。党代表们马上猜出了其中的缘故，郑心梓问他："王总管[①]，国民党有多少兵力驻在白沙县，你知道吗?"

王国兴答道："大概有好几千人。"

郑心梓又问道："国民党有几千兵力，那你看我们要派多少兵力进来，才能打败他们呢?"

王国兴答道："那当然越多越好，最少也要来千把人啊!"

郑心梓说："一千多人一天要吃一千多斤米，你有那么多米给部队吃吗?"

王国兴听了这话非常吃惊地问："要吃那么多米吗?"

党代表们立即给他算了一笔账：一个人一餐吃多少，一天吃多少，一千人一餐吃多少，一天要吃多少；一千人十天半个月要吃多少……

要知道黎族群众对于数字的概念是比较淡薄的，有的地区还一直沿用着本民族比较原始的计算方法。在计算数字的时候，还常以稻秆或柴草作为实体。王国兴没有念过书，不识字，对于数字的概念是模糊的。同时，由于他杀敌心切，一心只盼红军快快杀进来，为黎族人民报仇，其他的问题没有去考虑。现在听说一千多人的队伍一天就要吃掉一千多斤米，他不禁大吃一惊。

当时，王国兴带着的起义队伍被敌人围困在鹦歌岭上，大家风餐露宿、忍饥挨饿，村里的群众死的死、逃的逃，田地一片荒芜，村寨十室九空，到哪里去找那么多的粮食呢?

王国兴发愁了，心想，没有粮食给部队吃，部队进不了山，"国贼"消灭不了，大仇也就不能报了。怎么办呢？他望着眼前的几位党代表，一时发呆，

---

① 王总管是王国兴起义前的身份，党代表们随黎胞尊称他为总管。

说不出话来。

党代表们告诉他，虽然眼下因为粮食困难，大部队开不进来，但是只要我们把群众发动起来、组织起来，有步骤地开展斗争，我们就能为大部队进山创造条件。同时还进一步向他介绍了全岛的形势，分析了白沙起义以来敌我双方的情况，研究了对敌斗争的策略和迎接大部队进山的各种准备工作。

他们还告诉王国兴，中国共产党最初只有几十个人，现在发展到有了自己的政权和武装，在全国各地不断地打击日本侵略者和国民党顽固派。在海南岛，共产党的队伍最初也只有几十个人，现在已经有几千人了。关键在于发动群众。

王国兴听了党代表们的话，愁眉逐渐舒展，他对革命有了新的认识。从党代表们那里，他逐渐认识到中国共产党人是为全体劳苦大众而奋斗的最高尚的人，他认为中国共产党是真正可以信赖的。他把党代表们看作自己最知心的朋友、斗争的引路人，事事都同党代表们商量，办法也更多了。

鹦歌岭上开始呈现一派生机勃勃的景象。

由于国民党顽固派的严密封锁，所以粮食来源常被切断，现在人员多了，处境更加困难。起初，王国兴怕党代表们受不了这种艰苦的生活，总想对党代表们多照顾一些。但是，这些党代表们却似乎比他更能忍饥耐劳，他们带着黎族兄弟们挖山薯、采野菜、摘野果、剥竹笋、捉鸟、抓蛇，情绪十分乐观。

有的起义战士问党代表："同志父母①，你们也吃这些东西吗?"党代表们回答说："我们是人民的子弟兵，和'国贼'不一样，应该和老百姓有福共享、有难同当。"王国兴听了非常感动，对党代表们更加敬重了。

斗争指挥部

黎民工作委员会向王国兴提出，现在起义部队分散在几个山头，由于敌人的严密封锁，联系极不方便，力量分散，容易被敌人各个击破，应当立即

---

① 同志父母，即父母同志，是黎族百姓对琼崖革命队伍中汉族同志亲切的称呼。

成立斗争指挥部，统一行动，同时必须立即发动群众、组织群众、开展斗争。

王国兴听了觉得很有道理，完全赞同并立即行动起来，他连夜派人下山联络，斗争指挥部很快就成立了。

他们在村寨里组织了“白皮红心”的群众组织，派了一些起义人员假装“悔过”下山去，由于假装得很好，取得了国民党的信任，有的还当了伪保长。他们迷惑敌人，侦察敌情，给山上的队伍运粮食，等等。

斗争指挥部还同元门乡、白沙乡、牙叉乡等地被敌人打散的起义队伍逐渐取得了联系。虽然这些武装零散地分散在各地，但是却开始了有组织、有计划的隐蔽斗争。

同时，斗争指挥部还在儋县边区建立了交通站，王玉锦的弟弟王玉林担任站长，交通员王家芳来往于交通站和鹦歌岭之间。

白沙大地在经历了几个月的沉寂之后，又出现了生机。

“王国兴找‘伐答’① 回来打‘国贼’啦!”这个消息不胫而走，一时传遍了白沙县的每一个村寨，给在绝望中挣扎的广大黎族百姓以莫大的慰藉和鼓舞。那时，五指山区流传着的一首民歌道出了他们心中的喜悦：

五指山咧五条河哩，
你知哪条流水多啰?
你知哪条流下海?
你知哪条流回来?

五指山咧五条河哩，
西边那条流水多啰，
国贼失败流下海，
红军胜利流回来!
……

① “伐答”在黎语中的原意为“红色的米”，黎胞以此称呼红军。

常备队和武工队在行动

一天，黎族百姓上山来报告，敌人在一个村子里关押了很多起义者和他们的家属。

斗争指挥部决定派武工队下山，将黎族百姓们解救出来。那天夜里，廖之雄带着几名战士摸进村去，只见在一间亮着灯的茅寮前面，一个敌人的哨兵正在打瞌睡。他们悄悄摸过去，把哨兵干掉，随即冲进茅寮。原来那是敌兵的一个班，他们还在梦乡里，就被武工队歼灭了，被关押的数十名起义者和家属兴高采烈地随武工队上了山。

斗争指挥部除挑选一批青年起义骨干送到四支队接受训练外，又挑选几十名起义青年组成一支精干的“常备队”，在鹦歌岭上进行军事训练。这支队伍很活跃，战斗力很强。

有一天，山下送来了情报，有一股敌军要到什扭村抢粮食。常备队在廖之雄率领下，趁夜幕摸下山，在路口埋伏。

他们等到太阳一竹竿高的时候，几十个国民党兵果然朝什扭村走来了，常备队出其不意打了一个漂亮的伏击战，敌兵惊慌失措、四散而逃。

什扭村的粮食保住了，胜利的消息鼓舞着黎族同胞，在黎族百姓中传颂着王国兴请来的“伩答”神出鬼没地打“国贼”的故事。一首黎族民歌唱道：

民主出在鹦歌岭，
打死“顽固”① 许多兵，
共产党领导侎去打，
枪炮轰轰又打赢。

① “顽固”指国民党反动军队。

原来，下山回乡的黎族百姓又悄悄地找上山来，要求王国兴允许他们参加常备队，转战在鹦歌岭和什寒山的这支队伍增加到一百多人。

武工队和常备队的胜利斗争迅速影响到白沙乡和牙叉乡，那里的群众也组织起了常备队，先后有二三百人高举起白沙起义的旗帜，上了那凡山。不久，白沙县有18个乡建立起常备队。

来历不明的“山货客”①

一天，群众上山来反映，最近有些来历不明的“山货客”到各村大喊大叫，要收购鹿茸、鹿胎、熊胆等山货。

斗争指挥部对这一情况进行分析，认为白沙起义已盛传全岛，商人不可能不知道。国民党的血腥镇压已使村寨十室九空，黎族百姓们哪里能正常打猎呢？这些“山货客”来得奇怪，很可能是敌人派来的暗探。斗争指挥部决定来一个将计就计，设置了消灭这些“山货客”的巧计。

一天，村寨的黎族百姓纷纷邀请“山货客”到家里吃饭、饮酒。“山货客”不知是计，还以为可以趁此机会探听情报。黎族百姓趁“山货客”们酒意正浓之时，考查他们收购山货的一些行头、术语，这些家伙对山货一窍不通，根本答不上来，这果然证实了他们是敌人派来的暗探。于是，黎族百姓就在自己家里，轻而易举地将这些暗探干掉了。

安全转移那凡村

消息传出之后，人们都以为是常备队下了山。敌人更为恐慌，他们出动

① “山货客”原指从汉族地区到黎村、苗寨收购山区土特产的汉族商人，这里的“山货客”是由国民党顽固派的特务所伪装的。

大批人马四处侦探，高价收买情报，想要谋害王国兴等起义领导人。

在党代表们的巧妙安排下，指挥部在鹦歌岭上迂回转战，同敌人“捉迷藏”，敌人屡屡扑空。后来，敌人通过叛徒王启轩探得了指挥部的行踪，便调遣敌守备二团一个连，由王启轩做向导，向鹦歌岭指挥部所在地发起了三次“清剿”。

第一次，指挥部得到情报，及时转移了。几天之后，敌人再来进犯，常备队埋伏在山口，敌人刚进山，便遭伏击，狼狈而逃。后来，敌人增加了两个连的兵力，还纠集了几个乡的反动武装好几百人，配备了轻机枪四挺，从三面包围了指挥部，扬言要生擒王国兴和共产党干部。

这一次因敌人来势汹汹，斗争指挥部考虑到敌人我力量悬殊，为保存实力，避免与敌人正面交锋，除留少数兵力监视敌情外，王国兴和党代表们带着部队离开鹦歌岭，从南溪乡安全转移到白沙乡的那凡村。

先遣队开赴白沙县

1944 年夏天，琼崖特委决定由四支队抽出一个主力大队和军政学校一百多人作为向白沙进军的先遣队，开赴白沙。先遣队由四支队副支队长陈求光、政委陈青山、参谋长王力征等率领。

当时，国民党顽固派驻白沙部队有保安司令部、守备司令部、守备二团等一千多人。我先遣队的目的是隐蔽行动，待进入白沙县，接近敌军时，出其不意、攻其不备，消灭其有生力量，为大部队开进白沙县开辟道路。

部队在出发前，先派出王正成潜回白沙县那凡村。王正成这时已由一名战士成长为四支队一大队一中队副中队长了，他接受任务后，连夜赶往那凡村，向王国兴报告。

王国兴听说先遣部队就要来了，高兴得立即派人日夜瞭望，并发动群众筹集粮食和食品，慰问亲人。

一天上午，部队经夜行军到达那凡村。王国兴老早就和王玉锦等人等在村子外面很远的地方了。他一见到部队，高兴得跑上前去，拉着部队几位领导，大声叫“父母军”“父母同志”，激动的泪水顺着他黝黑的脸颊流下来。

部队到达了目的地，炊事班就张罗要做饭。王国兴忙说：“我们早就把饭煮好，等着‘父母军’来吃啦！”说着，黎族百姓已经把饭端到树阴下，有大盆炖牛肉、酸菜汤、萝卜干，这是一顿丰盛的午餐。在食物如此匮乏的时期，指战员们都能想象到，王国兴和黎族百姓为筹备这顿午餐所花费的心思。

部队在那凡村受挫

“父母军”到了的消息很快传开了，远远近近的黎族百姓都赶来看“父母军”。这样一来，敌人也很快便得知我部队行动的消息了。

在部队抵达那凡村的第三天，国民党守备二团的一个营突然袭击那凡村，部队仓促应战。

王国兴带着他那仍然手持原始武器的常备队也来参战。当时部队已接到琼崖特委指示注意保护王国兴的安全，因此，陈求光命令常备队立即后撤，只许他们担任一些后勤工作。部队苦战数日，终于把敌人赶跑了。

第二天一大早，敌守备二团倾巢出动，分三路包围那凡村。战斗从早上打到下午，敌人的火力仍相当猛烈，参谋长王力征在战斗中光荣牺牲。这一仗牺牲了十多名战士，有三十多名战士受伤。

战斗结束以后，王力征等指战员的遗体被抬回来了。王国兴见了，伤心得放声痛哭，其他黎族百姓见状也随着哭起来，一片悲哀的气氛使在场的人都难以自制。

部队领导赶忙将王国兴劝到一旁，并对他说：“王总管，我们共产党有个规矩，革命战士重伤不哭，轻伤不下火线，为革命牺牲光荣，革命人流血、不流泪啊！”王国兴听了便强忍悲痛，不再哭了，但他的心情仍然很沉重。

敌情变化　先遣队撤离

由于敌情变化，琼崖特委当即决定将部队撤出白沙县。当天晚上，先遣部队领导召集了紧急会议，王国兴也应邀参加。会议传达了上级领导的指示，并决定先将三十多位伤病员撤到阜龙地区去。

王国兴很快就组建了一支上百人的担架队。担架用竹子扎成，上面用芭蕉叶搭一凉棚，伤员躺在上面就像躺在茅屋里一样。担架队员扛着粉枪，选择隐蔽的山间小道，抬着伤员向阜龙地区撤退，由一支轻装的武装队伍护送他们。当他们通过鬼子的封锁线时被发现了，鬼子向担架队猛烈扫射，一位黎族百姓的左臂被打中了，流血不止，火力网封锁了前进的道路，担架队只得返回来。他们撤到深山密林里，清点了人数，三十多名伤员安然无恙，那负伤的黎族百姓也坚持把伤员抬到了安全地点。在场的指战员们无不被黎族百姓顽强的精神所感动。

附近的黎族百姓听说“父母军”被“国贼”打伤，都赶来慰问。一个村的头人问部队要做多少饭，部队为保密起见，不便说出真实数字来，实有一百多人，却说三四百人，结果黎族百姓们杀猪、宰牛，做了几大箩饭，部队吃不完，又带着上路吃了三天。

部队领导对王国兴说明，由于敌我力量过于悬殊，我方粮食来源受阻，先遣部队要暂时撤离白沙县。王国兴听了十分难过，他说：“我又要上鹦歌岭了！”部队领导告诉他：“我们的大部队一定要开进来的，你们坚持游击战，发动群众，多筹备粮食，等着瞧吧，我们一定会再见面的！”

分别前，王国兴在那凡村的树阴下，备了酒给部队饯行，同指战员们依依惜别。

这次先遣队的行动虽然时间很短，但是对王国兴的影响却是深刻的。他亲眼目睹了共产党员、琼崖抗日独立总队的指战员们为了黎族人民的解放，不惜流血牺牲，使他更加坚信共产党是黎族人民革命的引路人。因此，虽然先遣队因军事上失利被迫撤退了，但是王国兴没有失望，反而增添了信心，他相信共产党的队伍不久之后，一定会打回来的。

形势严峻　再上鹦歌岭

先遣队撤出白沙县之后，敌守备二团、保安六团对黎族百姓进行了更为残酷的蹂躏，许多在斗争中成长起来的骨干牺牲了，刚刚复苏的白沙县革命力量又受到严重的挫折。

当时，王玉锦和王正成带领的部队被守备二团和保安六团包围在黎母山以南的尖岭，形势非常险恶，除了要对付顽敌之外，他们还面临着饥饿的威胁。敌人的封锁使山下的群众无法送粮食上山，数十人在山上断炊达十余日，全靠采摘山上的野果充饥，不久就将山上所有能吃的野菜、可以充饥的树叶全部吃光了。

一天，部队一连七天没有米下锅，有些战士早上醒来，发现睡在自己身旁的战友已经永远长眠在尖岭之上。许多战士都饿得瘫倒在地，无力爬起来了。

王玉锦和王正成非常着急，虽然他们自己也头晕眼花、全身无力、饥饿难耐，但是为了解救生死与共的战士们，他们硬撑着虚弱的身体，冒着生命危险，下山去寻找食物。

他们悄悄来到尖岭山脚下一个名叫南立的村子。“南立”黎语的意思是“狗熊啃的地方”，这里人烟稀少，群众生活极苦。王玉锦他们好不容易才找到一位老乡，向他借到一头牛。王玉锦对他说：“好兄弟，等革命胜利的那天，我一定还给你！”① 他们把牛引上山后，却再也没有力气宰牛了，还是王玉锦想了个办法，他们用小刀把牛肚割开，取出内脏，先把牛肝用火烧一下，再将半生半熟的牛肝切成小片，送进那些瘫倒在地的战士们的嘴里。

---

① 1948 年，五指山地区已是海南中心革命根据地。某一天，王太信的遗属收到一份特殊的礼物——一头水牛。送牛的细水乡干部说，是白保乐边区行政委员会的王玉锦委员让他们送来的。这正是王国兴、王玉锦在兑现他们向群众借牛时的承诺。

王正成摄于解放后。

解放后，王玉锦回忆当时的情景时，对他的妻子说："那一副牛肝把大家救活了！"当时大家吃了一点牛肝，慢慢地有了精神和力气，才将牛宰了，解除了一时的危机。

王国兴与王玉锦在此险恶的环境之下，带领着数十名黎族战士与十倍于自己的强敌周旋。

这一年的夏末秋初，王国兴被迫第二次带领队伍撤上了鹦歌岭。不久，敌守备二团将鹦歌岭各山口道路封锁起来，对王国兴带领的这支队伍重重包围，在弹尽粮绝的情况下，王国兴迫于无奈，只得留下王玉锦带领的一个中队在红毛地区坚持斗争，而他自己带着十分疲惫的队伍冲出敌人的重围，奔向儋白边区和四支队的驻地。

第八章　白保乐人民解放团

我要见冯白驹司令员

王国兴一行来到白沙县与儋县边界，这里在半年多以前，已经成立儋白边区抗日民主政府，区长是首次派往鹦歌岭的党代表王茂松。

边区政府当即派人将他们护送到儋县太平乡（今雅星镇）丰猛岭，这里是儋县抗日民主政府所在地。儋县县委书记李汉、县长吴明、副县长王怡亭等热情地接待了这支来自五指山的英雄队伍，同时立即将王国兴一行到来的消息报告琼崖特委，并通知驻守在附近的四支队。

为确保这支队伍的安全，儋县党政机关从丰猛岭搬迁到靠近四支队的大星乡，将王国兴一行安置在大星乡的深山里，县委及其武装守护在周围。县领导还做出决议：不管发生什么事，都要不惜任何代价，保护王国兴等黎族兄弟，不能使之损失一人。

在等待琼崖特委指示的时候，王国兴虽然受到热情款待，感受到了亲切情谊，但是他终日双眉紧锁、度日如年。百姓们正在遭受蹂躏，他怎么能安心休养?

当他来到四支队的时候，便立即以十万火急的心情，要求四支队长马白山出兵白沙县，解救黎族百姓于水火。马白山告诉他，此事关系重大，要总部才能决定。王国兴立即提出，他非常需要马上见到冯白驹司令员。

四支队决定立即护送王国兴，去见冯白驹，在支队政治处主任江田陪同下，王国兴一行急匆匆赶往澄迈县美厚岭。

当时，日寇和国民党顽固派的活动猖獗，他们只能昼伏夜行，并且只能选择山间小路，甚至是无路的山崖悄悄进发。因此，王国兴的衣服全被沿途的荆棘撕破了，身上、腿上和脚上都布满了血痕。王国兴一路上沉默不语，倒不是因为长途跋涉的辛劳，而是心事重重、焦虑不安，他一心只想见到冯司令员以后，该怎样请求他派兵进白沙县。他决心此行一定要请兵回白沙县去打“国贼”，解救黎族百姓。

冯白驹（1903—1973）

冯白驹将军是琼崖党政军的最高领导人，他代表中国共产党琼崖特委和琼崖纵队与黎族人民武装起义的总指挥王国兴歃血结盟，从而揭开了海南岛上各民族团结战斗的新篇章。

沿途的交通站奉命一站站护送这位黎族领袖。王国兴一行在途中走了三天，当他们抵达澄迈县的时候，澄迈县委书记兼县长李独清在交通站迎接他们。王国兴一把拉过李独清的手急切地说：“请快带我去见冯司令吧！”他那急不可待的神情表明，他要请兵杀“国贼”的心情是一天也等不了啦。

相见恨晚　一见如故

1944年初秋的早晨，琼崖特委书记兼琼崖纵队司令员冯白驹，在澄迈县美厚乡绿现山（也称六芹山）黑藤水岭的小山包上的一座简陋的茅屋里，同这位在血泊中率领数万黎族人民举行武装起义，曾使国民党顽固派闻风丧胆的黎族英雄王国兴相见了。冯白驹不懂黎语，王国兴却懂得海南方言。两人一见如故、畅所欲言、十分投机。

王国兴向眼前这位仰慕已久的人倾诉了黎族人民的深重苦难，表达了对共产党领导黎族人民争取解放的无比渴望的心情，他还详细地向冯白驹介绍了白沙起义的经过。

后来，在许多年之后，冯白驹在回忆这段历史的时候，对于王国兴当时向他描绘的白沙起义的细节还记忆犹新。

王国兴聚精会神地倾听冯司令员给他讲解全岛抗日战争和反击国民党顽固派斗争的形势，以及琼崖特委开辟五指山革命根据地的计划。

他听了冯司令员的解释，茅塞顿开、豁然开朗，立即表示，黎族人民将和共产党同生共死、永不变心。在黑藤水岭脚下，伴着七曲水潺潺的流水声，他们侃侃而谈，向着同一个目标，那就是为国家、民族的存亡和人民的彻底解放而努力奋斗。

这一天，冯司令员和王国兴按黎族的风俗习惯，共饮了鸡血酒。第二天，他们带有神秘色彩的歃血结盟的故事，就在澄迈县美厚山区传为美谈。

出于对黎族人民的亲切感情和好奇心，许多干部和战士都借故到王国兴住的地方，去看看这位来自五指山的英雄客人。

人们看见了这么一个人，他留着一头棕色的头发，由于多年转战，那长发像一股股乱麻散披在肩上；他虽然也算是穿着衣服的，但是那衣服的前襟和后摆都撕成了条条挂在身上；一身古铜色的皮肤在破布条下显得油光闪亮；脚上蹬着两只不同样式、不同颜色的鞋子，五个叉开的脚趾自由地伸了出来；

腰间扎着一条白山藤，那便是腰带了，山藤上挂着整日陪伴他的“笼戛”①，里面装着钩刀。他身上唯一的奢侈品就是一袋旱烟叶。

这就是数十万黎族百姓公认的民族领袖，这就是国民党顽固派要以千金收买他那颗高贵的头颅的黎族英雄王国兴。

褴褛的衣着丝毫不能掩盖他那魁伟的身躯和他那刚毅的气质。他那黝黑的脸庞带着孩童的纯洁，宽阔的天庭之下，一双炯炯有神的眼睛，闪烁着诚实而坚定的目光。

这就是当年，已经年过半百的王国兴留给澄迈县美厚山区琼崖党政军广大指战员最初的，也是永恒的印象。

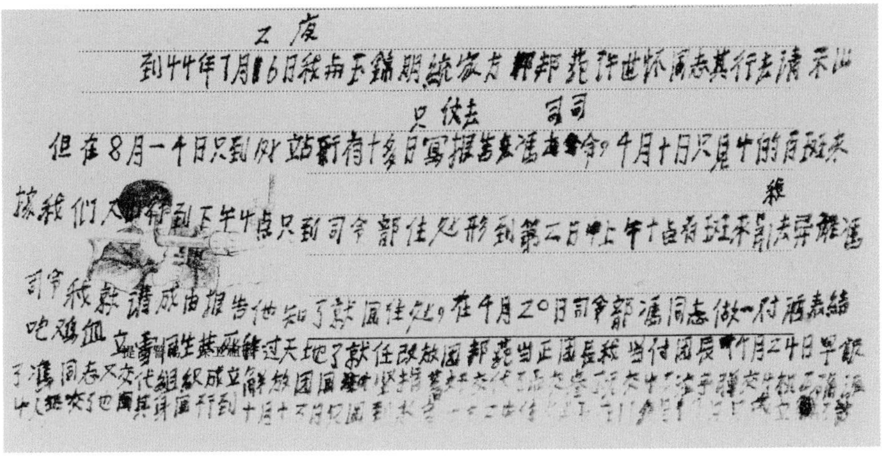

王国兴手稿中记述有关与冯白驹司令员见面、歃血结盟以及组建白保乐人民解放团的史实：

9 月 20 日，司令部冯同志（指琼崖党政军领导冯白驹）做一对酒（设宴）表结（表决心）、吃鸡血（饮鸡血酒——即歃血结盟）、立雪（立誓）同生共死，拜过天地了（即立下誓言），就任政放团（解放团），邦范（郑放）当正团长，我当付（副）团长（实际上是王国兴任正团长）。11 月 24 日早饭了（早餐后），冯同志（冯白

① “笼戛”，黎语的原意为“刀的房子”，是用山藤编织而成的一种圆形小笼子，每个黎族男子都将“笼戛”挂在腰间，内置钩刀，是上山时斩荆棘的工具，必要时是自卫的武器。“笼戛”还可放置小的猎获物。

驹）又交代组织成立解放团……交叁佰元，四佰泣（400粒）子弹、四支机百确派（驳壳枪）……回到四支二中（指四支队二中队马白山部），而在11月17日成立（指正式成立白保乐人民解放团）……

托付爱子　接受重任

王国兴和冯白驹会见以后，一支以黎族起义战士为核心的新的战斗队伍建立起来了，它被命名为：白保乐人民解放团。王国兴被任命为团长，他的得力助手王玉锦被任命为该团参谋长，王正成被任命为队长。

琼崖特委派了郑心梓为副团长兼党组组长、许世准为副团长，协助王国兴工作。

四支队支队长马白山为解放团配备了比较精良和充足的武器，冯白驹亲自将总部的三名警卫员派往解放团，并指示要特别注意保护王国兴的安全。为此，团里专门指定一名警卫员，负责对王国兴的保卫工作。

白保乐人民解放团带着特委交给的任务，将重返白沙，发动群众，开展游击战，骚扰敌人，准备迎接大部队进军五指山区。

冯司令员在送别白保乐人民解放团的时候，赠给王国兴一条毛毡和一支钢笔。那条毛毡是战利品，在当时是稀有之物，那支派克金笔在当时更是人人羡慕的“奢侈品”。

王国兴对冯司令员赠送的礼物非常珍惜，他将钢笔交给他的儿子保存。为表达他对党的忠诚和信赖，他把爱子王家贤（在当时，也是他唯一的儿子）交给琼崖部队。在那些艰苦的战斗岁月里，自9岁起，家贤一直远离父母，留在琼崖党政军机关和部队，成为在当时年龄最小、参加革命最早的一名战士。他当过马白山支队长的通信员，后来又当了琼崖著名的女战将刘秋菊[①]的

① 刘秋菊是琼崖革命妇女的优秀代表，曾任中共琼崖特委委员、琼崖临时民主政府委员、琼崖特委妇女书记等职务。1949年8月病逝于白沙县毛栈乡。

勤务员。在冬天的寒夜里，刘秋菊把小家贤搂在怀里，用自己的体温暖着他度过寒夜。冯白驹也曾将他领到身边，当过“鼻涕涟涟的小勤务员”。

马白山将军

马白山于1944年任琼崖部队第四支队队长。他是最早与白沙起义队伍的代表，后又与王国兴歃血结盟的琼崖部队指挥员。

这都极生动地表明当时琼崖党政军领导对王国兴是非常关心和爱护的，同时也表明了王国兴在找到革命领路人——中国共产党以后，是真心实意地把黎族人民和自己的命运同党、同革命队伍紧紧地联系在一起了。

解放团团长　重返白沙县

白保乐人民解放团在王国兴和郑心梓等人的率领下，从四支队驻地出发，重返白沙县，隐蔽着向五指山区跋涉。

王国兴在队伍中年纪最大，他和战士们一样背着武器和粮食，却比谁都走得快。爬山对于出生在山区、当过多年挑夫的他，并不是件难事。更重要的是，他现在已经不仅是一位黎族人民武装起义的领导者，而且还是身负重任的一名革命干部，他十分清楚，艰苦的战斗正在等待着他。

这时，海南人民的抗日战争正处在异常艰苦的阶段。日寇为把海南岛变成扩大对东南亚侵略战争的后方基地，正加紧对琼崖国民党反动当局的诱降。“曲线救国”的汉奸理论已经成为国民党顽固派公开投敌的依据，其反共游击队和不少行政官员穿起了“皇军”的服装，挂起了“维持会”的招牌，国民党保安团已公开与日寇往来。

琼崖国民党顽固派已经从宣扬“先反共、后抗日”发展到同日寇签订“共同防共协定”，并与日寇勾结在一起，向我抗日武装队伍和人民发动围剿。

日、伪、顽已经结成三位一体的反共体系，日寇也就更加肆无忌惮地向我琼崖各抗日游击区进行大规模的“蚕食”和“扫荡”。

日军所到之处实行“三光”政策，搞“无人区”，逢人就杀、见屋就烧，海南人民遭受到前所未有的大屠杀，海南的抗日战争进入了极端艰苦和复杂的时期。

国民党顽固派从为虎作伥到公开投敌反共，已经成为海南人民争取抗战胜利的最大障碍。因此，打击国民党顽固派的斗争，已经是关系到抗战前途和命运的斗争。为此，琼崖特委向全体抗日军民发出了“横扫敌、伪、顽，扩大解放区，迎接最后胜利”的号召。

正是在这种形势下，进军五指山区，打击占据五指山区为非作歹的国民党顽固派，开辟白沙抗日根据地，成为了琼崖党政军总部当时的重要战略部署。

白保乐人民解放团开赴五指山区以后，总部为把五指山内地的斗争与外围的斗争联系起来、把政治斗争和军事斗争结合起来，对琼崖纵队的兵力进行了周密的部署：

一支队在琼山、文昌、澄迈一带坚持斗争，牵制敌人的兵力，以一大队自北向白沙县挺进。

二支队向昌江、感恩一带转移，开展琼西南两区的斗争，从西南面配合五指山根据地的开辟，并从石碌、十月田、邦溪、乐东与崖县之间，自南向北打入番阳村。

三支队在乐会、万宁、陵水、崖县、保亭一带，从东南面配合我军主力挺进五指山，而以其中一大队兵力自吊罗山向五指山逼近，以番阳村为目标，同二支队会合。

四支队仍坚持在儋白边区，建立儋白边区抗日民主根据地，作为白沙县北面的屏障，同时派出一大队直接参与开辟五指山根据地的斗争。

1944 年年底，琼崖党政军领导机关从澄迈县向儋白边区的阜龙乡转移，以便更有利地指挥向五指山进军的战斗。

1945 年春天，琼崖纵队五个主力大队先后开进白沙县，在白保乐人民解放团和黎族人民的有力配合下，消灭了敌人的部分力量，使敌人节节败退，我出战白沙县的部队纷纷告捷。

喜迎挺进支队　合口村首战告捷

1945 年夏天，琼崖特委决定成立挺进支队，立即开赴白沙县，开辟五指山革命根据地。

王国兴听到这个消息欣喜若狂，立即赶往阜龙乡，为进攻白沙县提供作战方案，并亲自为挺进支队带路。行军途中，他同琼崖纵队参谋长兼挺进支队队长李振亚①、支队政委符荣鼎一起，不顾疲劳，艰苦跋涉，使挺进支队士气大振。

挺进支队旗开得胜，在白沙县合口村首战告捷，歼灭敌军一个教导队。

敌守备二团团部是设在罗任村的，敌人武器装备精良，又有坚固工事依托，挺进支队激战两个昼夜，终于攻下罗任村，全歼守备二团一个连。敌守备二团丢盔弃甲，狼狈地向黎母山方向逃窜，部队马不停蹄地乘胜追击，一举攻占了

① 李振亚是红军干部，参加过长征。1940 年起任琼崖抗日独立总队参谋长、琼崖纵队副司令员。1948 年 9 月底在牛漏战斗中牺牲，中央军委曾为他的光荣牺牲发出唁电。

白水港，奇袭敌人的军械库，长驱直入，很快就向五指山腹地纵深进展。

王国兴的家乡红毛乡为顽敌保安六团盘踞，我挺进支队来到红毛乡时，与保安六团打了一仗，将其主力打垮了，六团部分残部与守备二团残部慌忙退到了什寒山下的龙简村。白保乐人民解放团立即配合挺进支队，把龙简村团团围住，数百敌兵已成瓮中之鳖。

时已深夜，我方正准备组织火力，发动进攻时，忽闻村里传来婴孩和儿童的哭喊声。侦察员报告说，村里的婴孩和儿童已被敌人全部抓到一起，成为他们的护身墙，如我强攻，首先会伤害这些孩子们。李振亚立即命令部队原地待命，不得破坏住宅，注意保护儿童。于是，全体指战员就伏在龙简村的四周等待天明。敌人见有机可乘，立即以婴孩和儿童为屏障，趁着夜幕，在天亮之前向加钗村方向逃跑了。

至此，王国兴的家乡红毛乡宣告解放。

白沙县抗日民主政府成立

挺进支队在白保乐人民解放团配合下，经过几个月的战斗，打垮了在五指山腹地的守备二团和保安六团，缴获了大批武器、弹药和粮食，解放了除石碌岭以外的白沙县全境，开辟了纵横一千多平方公里的白沙革命根据地。

1945 年 8 月 8 日，白沙县抗日民主政府宣布成立。

其实，早在 1944 年夏，在四支队一大队作为进军白沙的先遣队，进入那凡村的时候，琼崖特委即决定成立白沙县抗日民主政府，委任吴龙文为主任、王国兴为副主任。但由于部队在军事上失利撤出，白沙县抗日民主政府人员亦随之分散撤退，因而实际上是撤销了，直至一年以后的当天才宣布正式成立，县长为詹力之（汉族），王国兴被委任为副县长，另一位副县长为王茂松（即王昌）。

与此同时，白沙县各乡也纷纷建立了民主政权和革命群众组织，在斗争中成长起来的一批黎族干部分别担任了区和乡一级的民主政权的领导。

在县政府领导下，组织了县武装基干部队和县警卫中队，命名为英勇队和忠勇队（后改为猛进队），队长是王正成和符尤相，队员全部是黎族战士。

抗战胜利　日寇投降

8月下旬，挺进支队攻打驻守在什统黑村的守备团团部。战斗从傍晚打到第二天黎明，全歼守敌，敌人来不及销毁的文件，全部被我缴获。在这些文件里发现了日寇已于8月15日无条件投降的消息。

琼崖特委在没有得到上级党指示的情况下，采取了紧急措施，命令全体部队展开全面的军事行动，向敌伪盘踞的各地挺进，收缴敌伪武器，发动群众，建立更多的民主政权。于是，挺进支队亦火速从五指山区向外线挺进。

这时，国民党反动军政机关和大部队纷纷撤离五指山区，争相奔向城市，与日寇勾结，抢占抗战胜利果实去了。

残留在白沙县的反动地方武装，同白沙县的各种反动势力重新纠合，趁琼崖纵队主力撤出白沙县的机会，对黎族革命人民开始了新的反扑。王国兴继续领导白保乐人民解放团的战士们以及县、乡的黎族群众武装，为保卫白沙革命根据地坚持战斗。

“国贼”进犯　挑起内战

海南各族人民在中国共产党的领导下，浴血奋战八年多，付出了极大的牺牲，终于和全国人民一道迎来了抗日战争的伟大胜利。然而，琼崖军民并没有休整的空隙，另一场艰苦、残酷与复杂的斗争正等待着他们。

国民党顽固派在一个多月之后，就派出了全副美式装备的四十六军到海南岛，经过半年的阴谋策划，便悍然挑起战争，将海南人民投入了内战的火海。

1946年1月中旬，国民党四十六军兵分五路向我白沙等革命根据地和游击区大举进犯，妄图围歼我琼崖党政军领导机关和主力部队。

敌军所到之处，大肆烧杀、奸淫，刚刚建立起来的白沙民主政权面临危急的局面，在白沙起义和我军挺进五指山时，逃跑的各种反动势力，均一起卷土重来，有三分之一的乡民主政权被摧毁，有十五个正、副乡长自首变节。

在国民党四十六军调防内地以后，国民党顽固派又派出由第九区行政专员蔡劲军率领的六个保安总队，加上海南当地的反动武装，共一万五千余众继续进行反动的“剿共”内战。

在此严重的时刻，王国兴没有一丝一毫的怯懦，他一如既往，对共产党坚信不疑，革命意志坚定不移，这个时期被许多琼崖革命老前辈称之为“最严重”的时期。王国兴在这样一个“最严重”的时期，表现了一个革命者异常可贵的革命坚定性，他再次经受了严峻的考验。实践表明，在党的领导下，在血与火的战斗中，王国兴已经成长为一名自觉的革命者。

走村串寨　发动群众

在那些艰苦的岁月里，王国兴先后担任了白保乐人民解放团团长、白沙县抗日民主政府副县长、白保乐边区行政委员会主任委员、琼崖少数民族自治区行政委员会副主任等职务。

琼崖党政军领导机关曾特别指示要保护王国兴的安全，对他采取了保护措施，将他和他的家属接到四支队安置。但是王国兴不甘安逸，他自觉地要求工作，并深入到群众中去，发挥着他的特殊作用。

由于王国兴的特殊地位，组织上只安排他的职务，而没有给他分配具体工作，他便常常要求上级领导给他安排一些具体的事情。但得到的答复常常是：“不给你固定分工，你看什么事情重要、什么工作需要你，你就去干好了。”

什么事情是最重要的呢？王国兴想，对于黎族人民来说，最重要的事情莫过于跟共产党革命到底。至于他自己最应该抓什么工作呢？他毫不犹豫地认为：最需要自己去做的事情是发动群众，全力支援革命战争。

于是，王国兴走村串寨，一个村又一个村、一家茅屋又一家茅屋，去找群众谈心。他当年对群众说的话，几十年之后，黎族群众还记得很清楚。他们说："老州长[1]那时常常对俫黎人说，俫黎人过去牛马不如，日本鬼子杀俫黎人，'国贼'害俫黎人，只有共产党是真心对待俫黎人，是来救俫黎人的。俫黎人只有跟共产党走，才有活路啊!"

当敌人疯狂反扑，革命遇到严重挫折的时候，有人贪生怕死，投敌叛变，有人当了逃兵。但王国兴信誓旦旦："我王国兴到死也跟共产党走，要革命到底!"他是这样说的，也是这样做的。

在王国兴的影响和带动下，黎族百姓为保卫家乡，保卫胜利果实，纷纷投奔革命队伍，除了县武装猛进队、英勇队以外，区还成立了常备队，乡成立了常备班，每个村子都组织了后备队。这个庞大的群众武装队伍在斗争最残酷的时期有五千多人。

他们不仅同国民党地方武装作战，还出其不意地袭击国民党的正规军。五指山下展开了清除奸细、消灭顽军、保卫家乡的群众运动。他们在敌人进剿的必经之路挖陷阱、埋竹签、挂弯弓、设挂枪[2]，使敌人处处挨打、寸步难行，有力地配合了琼崖纵队消灭敌人的有生力量。

一位战地记者是这样描述这些英雄的黎族战士们的："他们在对付敌人围剿的战斗中，往往出没在敌人意想不到的丛林中、悬崖上，行动矫捷如猿猴，弹无虚发……"[3]

猛进队的战士们在指挥员王正成的率领下，曾配合我四支队先后粉碎了元门反动乡长妄图杀害我乡民主政府干部、颠覆民主政权的阴谋，镇压了南溪乡王妚公的反革命暴乱。他们还配合主力军，收复了毛栈、毛贵、加钗、营根和大堆五个乡。

---

① 解放后，王国兴当选为海南黎族苗族自治州第一任州长，自此，黎族百姓都亲切地称呼他为"老州长"。

② 黎族战士常将粉枪挂在树上隐蔽处，以山藤或绳子牵引扳机，敌人碰上绳子便能击发。

③ 黎友谅、季音：《漫记海南岛》，上海，新文艺出版社，1952。

红毛乡保卫战

因为红毛乡是王国兴的家乡，国民党对它恨之入骨，恨不得一下拔去这颗眼中钉。在国民党四十六军清剿大队的后面是被起义人民赶走的还乡团，反动县长李仕新纠合了所有投靠国民党的各乡反动势力，分兵向红毛乡合围清剿。王国兴在此严峻形势下，异常坚定、沉着，同王玉锦、王正成一起，领导了黎族人民及其武装队伍奋起保卫家乡。

王国兴意识到保卫红毛乡，不仅是保卫自己的家乡，更重要的是，它已经是革命的重要阵地，自己应不惜任何代价去保卫它。红毛乡保卫战打得十分激烈，虽然重创了敌人，大量杀伤了敌人的有生力量，但是在血战中也有不少黎族战士英勇牺牲。

一次，在激烈战斗之后，敌人将我一位被俘的小队长绑在路旁树下，活活开膛取肝，在他身旁置放一只大锅，惨无人道的匪徒们将我战死疆场的黎族战士的一块块肉剁开，放在锅内烹煮，然后围锅开“人肉宴”。

国民党匪军的残暴罪行更加激起黎族百姓们的义愤，有更多的青年，甚至年过半百的黎胞，都要求参加武装部队。敌人的分兵合围、清剿扫荡，都不能攻破红毛乡这个红色的堡垒。

王国兴与县长詹力之率领的黎族武装队伍越战越强，有力地配合了琼崖纵队主力粉碎国民党四十六军的反动清剿。四十六军军长不得不承认：“半年来损兵三千，民匪不分，不易清剿。”四十六军在遭受惨败之后，灰溜溜地撤出了海南岛。

红毛乡——红色的堡垒

1946 年 8 月，琼崖革命军民经过一年多的浴血奋战，终于粉碎了国民党强敌的围剿。为此，党中央在9月30日发来一封贺电："祝贺你们粉碎国民党进攻的胜利，希望全党全军团结一致，为消灭敌人，扩大解放区而斗争。"

与此同时，党中央又再次指示要抓紧开辟五指山革命根据地的工作。1946年年底，琼崖特委召开了党政军领导干部联席会议，认真讨论了中央指示。他们对全岛斗争形势做了分析，决定重新开创白、保、乐中心革命根据地①。为便于指挥建立五指山革命根据地的斗争，1947年1月，琼崖党政军领导机关搬迁到王国兴的家乡——红毛乡，红毛乡就此成为海南岛上的红色堡垒。从此以后，琼崖的革命斗争转入了一个新的阶段。

① 白、保、乐中心革命根据地，即五指山中心革命根据地，因白沙县、保亭县、乐东县是五指山区的中心，故当时大家习惯称之为白、保、乐中心革命根据地。

第九章　为建立五指山革命根据地而奋斗

党中央多次指示

早在 1932 年 1 月，中央指示“琼崖党必须严重注意的”就是要“造成一个巩固的根据地”，并指出：“这是最中心与根本的任务，琼崖必须坚决执行。”①

1940 年党中央又指出：“在三十万黎民所在地的五指山脉一带山地”才是革命斗争夺取胜利的“最后的可靠根据地”。②

1940 年 5 月某日，周恩来在西安市八路军办事处接见庄田、林李明时，指示：“敌人在琼崖驻扎着大量装备优良的部队，你们的斗争将会遇到许多难以想象的困难，因此，必须按照毛泽东的军事思想，逐步把五指山根据地建设好。这是由战争的长期性和残酷性决定的。”③

庄田随即由党中央派往海南，为琼崖部队带来党中央的指示，并带来电台与军工技术人员，为琼崖部队建立了电台和军工厂。

1945 年 11 月，中央又指出：“对于可能发展而没有工作的山地地区，如

---

① 1932 年 1 月 4 日《中央致广东省委指示琼崖苏区党部信——关于过去的错误及今后的任务》，原件藏广东省档案馆。

② 1940 年 11 月 7 日中共中央书记处《对琼崖工作指示》，原件藏中央档案馆。

③ 庄田：《琼岛烽烟：琼崖纵队副司令员庄田将军回忆录》，广州，广东人民出版社，2009。

琼西南及黎民地带仍应派出党员或武工队去建立工作，以分散发展多样根据地及多样的群众武装来支持长期斗争。”①

1946 年 10 月，党中央还特别指出：要“展开民众工作与少数民族工作，来建立依托山地之根据地”②。

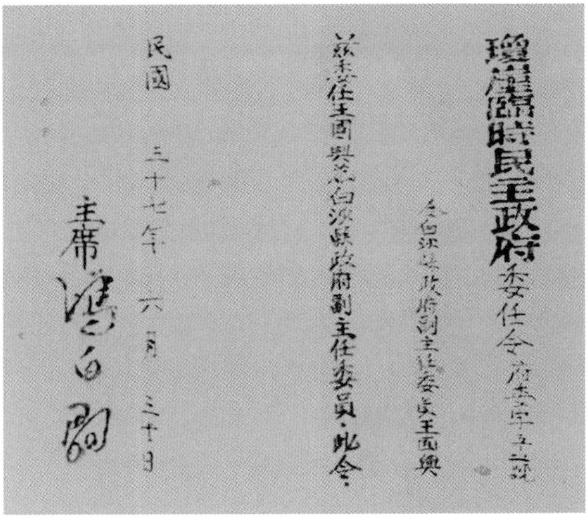
瓊崖臨時民主政府委任令
令白沙縣政府副主任委員王國興
茲委任王國興為白沙縣政府副主任委員，此令。
主席 馮白駒
民國三十七年六月三十日

1948 年 6 月 30 日，冯白驹签发的任命王国兴为白沙县政府副主任委员的琼崖临时民主政府委任令。

琼崖党长期以来在农村发动群众，建立过许多基层民主政权和小块的海南根据地，如母瑞山、六连岭、羊山、琼文和美合等地区都曾经是革命根据地，在不同的革命阶段都曾经为革命事业做出了不朽的贡献。然而，它们毕竟未能担负起作为全琼崖革命斗争胜利所需的、巩固的中心革命根据地的任务，在选择和建设琼崖中心革命根据地的问题上，琼崖党内，特别是在领导层内，曾经有过反复的斗争，也曾为此付出过巨大的代价。

---

① 1945 年 11 月 28 日中共中央书记处《对琼崖区党委的工作指示》，原件藏中央档案馆。

② 1946 年中共中央书记处《对琼崖区党委的工作指示》，原件藏中央档案馆。

五指山——海南革命中心根据地

1947 年 4 月底，我军民一举攻下位于白沙县和乐东县交界的番阳、万冲等敌人重兵盘踞的据点，使白沙、保亭、乐东三县交界处的二十多个乡连成一片，奠定了五指山中心革命根据地的基础。

党中央在 1947 年 4 月 29 日给琼崖特委发来贺电，指出：“海南根据地在五指山初步建立，这是一大胜利。”①

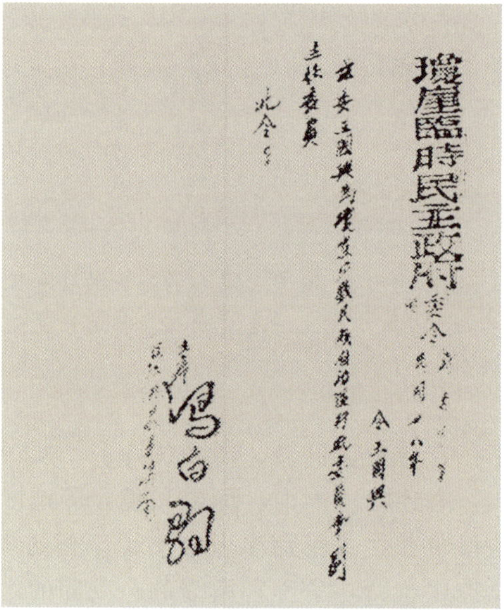
瓊崖臨時民主政府

1949 年 2 月，冯白驹签发的任命王国兴为琼崖少数民族自治区行政委员会副主任委员的琼崖临时民主政府委任令。

---

① 参见胡提春：《冯白驹将军传》，91 页，海口，琼岛星火编辑部，1981。

5月9日，中共琼崖第五次代表大会在红毛乡召开，这是一次具有重大意义的会议。大会为粉碎国民党顽固派的清剿，夺取全岛斗争的胜利，制定了巩固和扩大白、保、乐中心革命根据地，并使其与各地联系，造成大片解放区，实施政治、军事、经济、文化等各项建设，开展土地改革，减租减息和生产运动等项重大方针。

大会以后，部队立即集中五个支队的兵力，分三路向保亭、乐东等地区进军。各路军经三个月的苦战，扫除了盘踞在白沙、保亭、乐东三县的残敌，解放了除石碌铁矿以外的三县全境，使原来分散在五指山周围的小块根据地连接起来。至此，方圆万里的、人口达三十余万的解放区第一次出现在祖国南海的宝岛之上，五指山区从此宣告成为海南革命中心根据地。

琼崖党政军领导机关自从搬到红毛乡以后，指战员们就像有了一个安全的家，生活也安定多了。这时，冯白驹司令员的家也有了喜事——他的夫人曾惠予在红毛乡生下女儿冯尔敏。

1947年年底，冯白驹在给党中央华南分局领导的电报中，欣喜之情跃然纸上，他说："目下琼崖情况，表现对我有利……敌人不但难以向我进攻，相反的，是采取防守。甚至有些据点自动放弃。有些据点也被我迫走与占领。敌人内部也相当动摇。我们工作也急剧开展……（白沙全部已在控制中）……我们就有进可攻、退可守的大块根据地。我们就可根据这块根据地，向东西南北平原发展……"①

的确，这种喜人形势为海南开展革命斗争二十多年来所从未有过。在军事上，琼崖纵队由防御阶段转入相持阶段，很快又从相持阶段转入了胜利反攻的阶段。革命斗争的实践充分证明，要取得革命斗争的胜利，必须有可靠的、巩固的革命根据地。

现在，琼崖党和军队最终建成了进可攻、退可守的巩固的革命根据地，这是琼崖革命斗争历史上的一件大事。

五指山区怀抱白沙、保亭、乐东三县，是全岛的中心地区，与各游击区联络方便；地域广袤，数千里，丘陵起伏，群山耸立，原始森林密布，最高

① 1947年12月《冯关于琼崖土改和武装斗争等情况向方林的报告》，原件藏中央档案馆。

处海拔一千八百多米，我军进可攻、退可守，易于机动、周旋，而敌人从外面则不易深入；白沙、保亭、乐东三县人口大约为三十万人，除白沙县外，保亭、乐东两县粮食是比较充足的，同时与粮产区儋县、临高县接壤，有较充足的人力、物力；更重要的是，白沙起义沉重地打击了国民党反动统治势力，敌人的力量薄弱，而在王国兴的领导下，黎族人民民心所向，对共产党极其信赖和拥护，有着可靠而稳固的群众基础。

琼崖纵队的战士中有20%是黎族，其中不少是黎族妇女，图为琼崖女战士在救伤员。

对于以上有利因素，琼崖党政军领导曾做过详尽的分析。有个别领导成员起初对此抱有怀疑态度，认为五指山区山高林密、气候不好、人烟稀少、水土不服、言语不通，加上对在少数民族地区开展工作缺乏信心。在经过一番激烈的争辩以后，终于统一了认识。

实践证明，琼崖特委的分析是完全正确的。王国兴没有辜负党对他的期望，他在根据地的建设上，为革命事业立下了不可磨灭的功绩。因此，党和人民永远不会忘记他。

冯白驹对五指山革命根据地的评价是："根据地的建立，虽然时间不久，但是在支持和发展海南人民革命战争上是有重大的作用的。没有这个根据地的建立，我们就不会有 1948 年与 1949 年中秋春两季攻势的伟大胜利；没有这个根据地的建立，我们就会很困难或不可能应付国民党在解放前夜那样压倒优势力量的进攻；也可以这样说，没有这个根据地的建立，对于配合大军渡海登陆作战解放海南的任务，非但会受到影响，恐怕甚至不能起多大的作用。"①

白保乐边区行政委员会

1947 年 6 月，白保乐边区行政委员会正式成立，王国兴被任命为委员会主任委员。

6 月 19 日，琼崖人民政府发布了"府委字第一号"委任令——那是用钢笔草书写在一张三十二开白报纸上的公文，对于纸张如金箔的当年，这是相当郑重其事的。在"府委字第二号"里这样写着："查白沙县第二区工作，近来蓬勃发展，兹为适应该区目前工作情况起见，特将该白二区署取消，将最近开展保亭、乐东二县之地区，联合组织，建立白保乐边区行政委员会，并委王国兴……王玉锦等七人为委员，由王国兴兼任主任委员……"②

王国兴这时已经不年轻了，但党对他委以重任，使他变得年轻起来。他像风华正茂的青年人一样，活跃在革命行列里，似乎到处都有他的身影，村村寨寨都响着他洪亮的声音，他的影响遍及五指山整个地区……

① 冯白驹：《中国共产党的光辉照耀在海南岛上》，广州，华南人民出版社，1951。

② 过去一些文章都说王国兴当时担任副主任，这是不确切的。根据历史档案记载，王国兴在白保乐边区行政委员会是主任委员。原件藏广东省档案馆。

特殊地位　特殊作用

由于王国兴的威望崇高，所以有时他的名声所至，困难的局面常常很快就能扭转过来。他的这一特殊的作用是别的任何人所不能替代的。

例如，在一些新开辟的地区，由于群众不了解共产党，纷纷逃入深山，有时整个村寨找不到人。这时，我们的部队和随军工作团就会把王国兴请去，黎族百姓只要听说王国兴来了，就会从山里走出来，回到村里去。

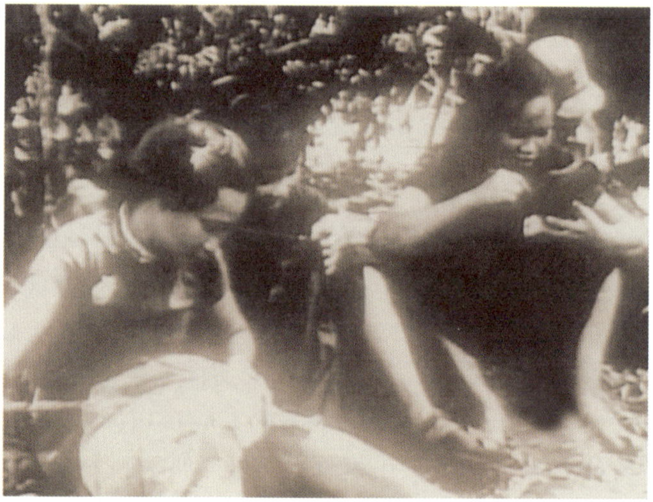

琼崖纵队的女战士承担了大部分的后勤工作，图为女战士在缝衣服。

1947年4月至5月，当我部队解放保亭、乐东两县时，由于国民党顽固派的反动宣传，那里的黎族百姓仍相信“客不吃黎、鸡不吃米”[①]，对共产党

① “客不吃黎、鸡不吃米”，意思是没有汉族人会不欺负黎族人，就像没有鸡会不吃米一样。这一观念是历代反动统治阶级实行民族压迫和民族歧视政策造成的。

和我部队存有戒心，纷纷逃进深山躲藏。在有些受反动黎头控制的村寨，还有人向我部队开枪射击。

战士们深知王国兴的名声对黎族百姓的影响，便让黎族战士向黎族百姓们喊话："喂——我们是王国兴请来的队伍啊！"黎族百姓们听了，立即向战士跑来，一时间，满山遍野都传遍"王国兴来了"的欢呼声，逃进深山的黎族百姓连夜扶老携幼回了家。

争取上层人士

琼崖党政军领导机关在进入白沙县以后，注意到团结和争取少数民族上层人士的工作，上级领导希望王国兴运用自己的影响去团结他们，王国兴便积极地按照党的方针、政策，去团结和教育黎族头人，做了许多工作。由于他在黎族群众中的极高声望，经他直接工作，往往收到很好的效果。

阜龙乡天堂村有一家富有的头人，本人常住海口市，他雇用一名管家叫陈金生，住在村里是专门给他收租的。王国兴通过天堂村的革命青年向陈金生宣传革命道理，教育了陈金生，使他自愿为民族解放和人民革命事业出力。陈金生没有通过他的东家，自己做主捐献了 300 块光洋和 5000 斤谷子。这个数目虽然不是很大，但是对于处在极端困难中的革命政权是很有补益的。

支持土地改革

1947 年间，在白沙县各乡普遍开展了以清匪反霸为主要内容的土地改革运动。由于当时民族地区阶级分化还不是十分明显，因此土地改革主要是打击那些罪大恶极、有民愤的人，将他们多余的土地抽出来，分给无地或少地的群众。

王国兴和广大黎族群众一样，全力拥护和支持这一斗争。他和王玉锦亲自带着土改工作团，深入村寨访贫问苦。在整个土改期间，王国兴经常同土改工作团的总团长祝菊芬在一起，由于他最熟悉和了解情况，在他的帮助下，土改工作团的工作进展顺利。

这次运动发动了群众，镇压了罪大恶极的反动分子，没收了他们的土地近一万亩、耕牛一千五百多头、粮食一万多担、光洋一千七百多块。革命政权把这些胜利果实全部分给了贫苦的黎族、苗族群众。

政治上的翻身和经济上的利益使五指山区的少数民族群众有史以来第一次感到自己是生活的主人、是自己命运的主宰。他们欢欣鼓舞，对共产党和人民子弟兵更加热爱，黎村、苗寨处处掀起了一个保卫斗争果实、支援前线、参加人民武装的高潮。

祝菊芬在他的日记上记下了这样一个生动的场面："一月二十九日（原日记没有记载年代，应系指一九四七年）上午九时，番阳市南部的一丘低田中又齐集四百八十多男女群众在农会主持下，召开全峒清点大会，刺骨寒风……很多群众只穿树皮似的无纽短衣，没有裤着（'着'是穿的意思，此处指没有裤子穿）……有的披黎被[1]，有的拾柴烧（烤）火……""二月一日番阳峒武装保卫斗争果实大会，三百人，当场响应报名参加地方武装（翻身连）四十五人。"

以上叙述真实地反映了黎族、苗族群众当年极其困苦的生活和极大的革命热情。

动员支前　鼓励参军

王国兴亲自动员群众支援前线和动员青年参军。他在群众集会上、各村寨、黎族群众的茅屋里，常常向他们讲自己的体会，启发和激励群众的革命热情："侪黎人受国民党的苦受够了，现在共产党领导侪黎人把顽固（指国民党反动军队）

① 黎被是黎族妇女织的加丝（由汉族商人处购得绸缎，从中抽拆色丝）或以纯木棉所织的手工纺织品，又称为"黎锦""黎单"，其色彩鲜艳、美观实用，在历史上曾远销广西桂林各地。但是，在国民党统治下，"黎被"生产日渐遭受破坏，因而这里所指的"黎被"只是木棉所织的一块粗布而已。

打跑了，侪黎人才不再受苦，现在‘国贼’还没有消灭完，侪黎人要跟共产党干革命，应当有钱出钱、有力出力，青年人去参加‘父母军’吧。”①

黎族是很善于用山歌表达情感的。王国兴还以他充满激情、富于比喻的山歌激励群众的革命热情，他所编的山歌给群众留下极深的印象，虽经多年，人们还记得。其中几首是：

过去国顽来侪地方，
民众没有吃和穿，
民众有鸡又有牛，
都被他剥去运光。
打起包袱翻过岭，
嘱你言语是定定，
我是出门去救国，
救国平坦才回行。

解放全琼时间近，
只是缺少粮和钱，
侪借钱粮快积极，
不要落后人看轻。

尽管当时已经发生粮荒，但是群众仍忍饥挨饿，把一切可以吃的东西都搜集起来，给部队送去。有的黎族人家早已断粮，就牵着狗或牛到部队驻地去，如果部队拒绝接受，他们就偷偷把牛杀了，将牛肉送去。黎族百姓说：“只要侪黎人有一条命，就不能让‘父母军’没有东西吃。”当地群众生活极苦，有的人家一粒米都没有了，他们就把树上刚成熟的菠萝蜜②摘下来给部队

① 据黎族群众的记忆，王国兴动员群众支前、参军的讲话，有时是用黎语，有时也用海南方言，有时还会唱山歌。

② 菠萝蜜是我国海南、西双版纳等地的热带水果，果硕大至数十斤，味甜似蜜，营养丰富，其核熟食如板栗，可以顶粮食。

送去。当战士们看见这些赤身裸体、面黄肌瘦的黎族群众成群结队地给部队送菠萝蜜的情景时，都十分感动，有的战士忍不住掉下泪来。

黎族妇女挑着慰问品跟在支前队伍后面。

黎族人民以他们的战斗热情和牺牲精神，充分表达了他们对革命的忠诚和对共产党的无限信赖。黎族人民为了支援革命战争，不仅献出了自己所有的财物，还将他们的亲人一批又一批送上前线，村寨前常常出现妻送郎、母送子、奶奶送孙子上战场的动人场面。

当然这也是与王国兴的努力分不开的。一次，王国兴到南丰地区的芭蕉山和文头山附近的村子动员群众支前，当场有五十多名青年要求参军。仅白沙一县，一次报名要求参军的黎族群众就达一千多人。

“共荣辉”——穿麻袋的共产党

猛进队和英勇队在建设和保卫五指山革命根据地的斗争中做出了杰出的贡献。这两支武装全部由黎族战士组成，他们中的绝大部分是参加过白沙起义的英雄战士。他们作战勇敢、顽强，屡建战功，威震五指山区，敌兵闻风丧胆。因为他们都身披黎族姑娘们手织的粗麻布，像是套在身上的麻包袋，敌人轻蔑地把他们叫做“共荣辉”，即“穿麻袋的共产党”。

南下解放大军与琼崖纵队会师了！

在黎族百姓的眼里，色厉内荏的国民党“顽固兵”是“伯矮”，即“喂乌鸦的兵”。因为国民党军队兵败之时，只顾逃命，常常丢下死去的士兵不管，任由那些尸体在山里腐烂，让乌鸦啄、野狗拖，所以黎族百姓送给国民党顽军“伯矮”这个绰号。

黎族百姓为猛进队感到很自豪，他们说：“那些‘伯矮’一听说‘共荣辉’来了，便恨爹娘少生了两条腿，没命地逃跑了。”

消灭反动大地主王政群

在消灭五指山区最大的反动头人王政群的战斗中，猛进队也发挥了重要的作用。

反动头人王政群是五指山有名的恶霸。他霸占民田两千余亩，拥有牛群两千多头。他自吹“牛跑百里不吃人家草、马越千山不踩人家田”。他拥有反动武装数十人，武器精良、弹药充足。他盘踞的牙落村刺竹环抱，设有坚固的工事，防守极为严密。王政群一贯同国民党顽固派相勾结，镇压黎族人民。

黎族同胞热烈欢迎解放大军。

王国兴曾多次派人到牙落村劝他改邪归正，共同对付“国贼”，他不仅不听，反而变本加厉鱼肉乡里、恐吓群众，进行一系列的反革命破坏活动。对付这么一个顽固的反动家伙只有一个办法，就是消灭他！

猛进队发扬了勇敢、顽强的战斗精神，积极配合琼崖纵队攻下牙落村这个堡垒，缴获了粮食数十万斤、牛八百多头。战斗结束之后，随军工作团立即开仓济贫，使当地正处在饥饿中的数千名黎族群众得救。

琼崖少数民族自治区

与军事斗争胜利发展的同时，建党建政工作在根据地迅速开展起来。1948 年年底，区党委（1947 年 5 月 9 日在中共琼崖第五次代表大会上，中共琼崖特委改为中共琼崖区委）根据党的民族政策和党中央关于实行民族区域自治的指示，将白沙、保亭、乐东等县划为琼崖少数民族自治区，并于翌年 2 月在白沙县毛贵乡成立琼崖少数民族自治区行政委员会，陈克文①任主任、王国兴和苗族首领陈斯德②被委任为副主任。

区党委在番阳和毛贵等地重新办起了琼崖公学、党校、妇女公学、军政学校等，培养了大批军政干部。自治区先后举办了三期民族干部训练班，培养了一百五十多名黎族、苗族青年干部，他们后来成为自治区各级政权骨干。各区、各乡还办起了完全小学或初级小学，从来没有念过书的黎族、苗族孩子们，高高兴兴地走向为他们开办的学堂。

根据地的经济生活也活跃了起来。政府号召群众增产粮食和油料作物，发展畜牧业，组织了手工坊，鼓励群众自编竹质生活工具和生活用具，制作

---

① 陈克文是老红军，解放前历任琼崖特委委员、琼崖南区地委副书记等职务，解放后历任海南黎族苗族自治州副州长、海南行署副主任、海南区党委统战部长兼民族事务委员会主任等职务。

② 陈斯德是海南五指山区苗族首领陈日光之子。1946 年参加革命，曾任白保乐边区民主政府副主任、海南黎族苗族自治州副州长等职务，现任（指《黎族人民领袖王国兴》初版时间 1981 年）自治州革委会副主任。

简单的铁质农具，建起了简陋的食油加工厂。

琼崖区党委在给中央和香港分局的报告中，反映了当时在根据地“开办铁厂、木铺、纸厂、肥皂厂、鞋厂、牛皮厂，解决各种生产用具、日用品，解决各地区的各种困难，准备种子、肥料，兴修水利……”① 的情景。

商业也相应活跃起来，县区的供销社向黎族、苗族群众收购红白藤、木耳、鹿茸、熊胆等山货，到外县销售，换回食盐、火柴、纸张、布匹等日用品，军民生活必需品特别紧张的局面逐步得以缓解。

生产自救　国兴种菜

在根据地物资供应极端困难，除部分依靠外地的援助外，主要还是靠组织群众生产自救。驻守在毛贵、番阳一带的党政军机关、学校、团体的全体干部战士在工作战斗之余，都开荒种粮食、种菜、养猪、养鸡，解决自己的生活问题。

王国兴很快就领会了生产自救的重要意义。他四处走村串寨，动员群众开展生产活动，同时带头参加生产劳动。

黎族群众历来没有种菜的习惯，他们的风俗是很忌讳看见人的粪便和尿液的。所以，他们种植农作物从不施肥，只是在播种前放火烧荒，利用茅草灰作为基肥而已。

王国兴决心改变这一习惯，他向汉族群众请教了有关肥料和土壤关系的知识，又观察了汉族群众种菜的全过程，然后在区政府的后山坡上找了一块地，细心地刨起来，学着垄沟、播种、施肥、除草、捉虫，结果他种的几种菜都长得很茂盛。

---

① 1948 年 8 月《琼崖区党委关于召开地县委会议所通过决议内容向中央、港分局的请示报告》，原件藏中央档案馆。

许多黎族群众跑来看他们的大总管是怎样种菜的。有的黎族群众问：“大总管，这菜淋过屎尿，怎么能吃呀?”王国兴便详细地向他们讲解人粪通过土壤、水、阳光的分解作用成为养料，被菜的根部吸收的道理。他说：“我们种山栏的时候烧茅草，那草灰就是肥料了，和这个道理是一样的。”

王国兴又把自己种的菜摘下来并煮熟，当着黎族群众的面，吃给他们看。在他的带动下，附近的黎族群众也开始学着种菜了。

1948 年，琼崖区党委在给党中央的报告中，详尽地记述了根据地建设过程中的艰苦状况：“自去夏开展五指山基地后，经费更加困难，基地内党政军民，一千五百人的粮食，靠开展地区给予公粮……基地又是黎苗民族，经济非常落后，除用很原始的生产工具及生产方法生产必要的粮食外，没有必需品生产，人民还在物物交换，货币流通范围很狭窄，人民生活很贫困，加上蒋匪在抗日时期的盘剥掠夺，薄弱的农村经济基础遭受破坏无遗。初开展时，白沙民众百分之九十无饭吃或不足吃，全无衣穿，这些就是当时基地的实际情况（和）迫切问题。因此，党对基地的任务是如何发动和帮助民众恢复生

五指山区的第一面五星红旗迎风招展。

产，消灭饥饿……”① 经过一年多的努力，这种状况迅速改变了。在同一份报告中写道：“迄现在为止，除白沙的红毛、水满、小水等三个乡尚缺少（粮）食外，其余各乡已无饥饿。”不久之后，琼崖区党委在向中共中央和香港分局汇报时把白沙县称为“甲级巩固区”②，这些成绩与王国兴的努力是分不开的。

迎接大军　解放海南

在内地庆祝胜利解放之时，海南人民却面临十万敌兵压境的险恶局面。

琼崖纵队司令员冯白驹（左二）、副政委兼政治部主任黄康（左一）、副司令员吴克之（左三）、副司令员马白山（左四）在研究迎接南下大军渡海的作战方案。

① 1948年《琼崖区党委关于军事建设、政权组织与工作、财政经济政策、党的组织与工作、土改工作问题的报告》，原件藏中央档案馆。

② 1948年8月《琼崖区党委关于召开地县委会议所通过的决议内容向中央、港分局的请示报告》，原件藏中央档案馆。

1949年下半年，在中国人民解放军强大的攻势下，国民党残部纷纷落荒海南岛，妄想倚仗琼州海峡之天险与台湾遥相呼应，图谋建立起反攻内地的基地。这时陆续逃至海南岛的国民党陆军五个军、海军一个舰队和空军一个大队的兵力，加上当地的保安部队和守备部队，兵力共有十万余人。

在此险恶万分的形势下，我琼崖革命武装力量正是依托了五指山中心革命根据地，才能同十倍于自己的敌人迂回、周旋；正是依靠了各族人民，其中不可缺少的是依靠了黎族人民的支持，最后终于配合渡海大军，胜利解放了海南岛。

1950年初，我渡海大军已齐集雷州半岛，高层军事会议已决定了“积极偷渡、分批小渡与最后登陆相结合”的作战方针。最重要的是要找到渡船，在广东沿海及琼崖共征集到2666艘，其中170多艘是琼崖纵队征集的，还有400名船工偷渡到内地，帮助大军战士们学习航海知识及训练海上驾船技术。

还有，琼崖纵队为了紧密配合大军作战，派出多位指战员，他们必须尽快赶到内地参加作战会议，偷渡过海的任务落在了共产党员女船工黄金女的肩上。她冒着生命危险，五次偷渡海峡，将琼崖纵队的几位指战员送上雷州半岛。

琼崖纵队司令员冯白驹命令：全岛总动员！全岛发动了六万民兵待命，组织了三百多个支前工作委员会，保证顺利接应大军。当战斗打响，大军抵岸，立即有琼纵队伍接应；大军一上岸，立即有人给战士们送上热饭团和清甜的椰子水；民兵及时把伤员送进密林中的琼崖纵队医院抢救；各族民工最后打扫战场，把每一位牺牲的烈士遗体背回根据地安置。

我解放大军与琼崖纵队紧密配合自1950年3月5日偷渡成功，至5月1日全岛解放，历时58天，共歼灭敌军10余万人，击沉敌军舰艇1艘，击伤舰艇5艘，击毁敌机2架，缴获战机4架、各类火炮400余门、坦克7辆及大批军用物资，敌军吹嘘的“伯陵防线”土崩瓦解，我解放大军创造了世界海战史上，帆船打败军舰的奇迹。在解放海南的战役中，我军有4610名英雄的战士献出了宝贵的生命。

这场伟大的渡海战役凸显了人民战争的威力，历史是最有说服力的，它证明了党中央关于建立五指山革命根据地的战略决策是多么英明的。

1950 年 4 月 16 日晚，中国人民解放军十五兵团主力在琼崖纵队的有力配合下，于 17 日胜利登陆琼崖。

琼崖纵队在抗日战争中、在建设革命根据地的斗争中贡献重大，有许多优秀的共产党员献出了年轻的生命，仅在解放战争期间就有 3700 多名指战员光荣牺牲。周恩来总理这样评价：“孤岛奋战坚持 23 年红旗不倒”，盛赞冯白驹是“海南岛的一面红旗”。战士们都说：“五指山革命根据地是海南的延安!”

海口五公祠，海南解放祝捷会师大会合影，前排左起：第43军政委张池明、琼崖纵队司令员兼政委冯白驹、第15兵团司令员邓华、第12兵团副司令员兼第40军军长韩先楚、第43军军长李作鹏。

支援前线　奋不顾身

冯白驹在回忆历史的时候，曾经高度评价黎族和苗族人民。他说：“部队在民族地区附近活动，得到黎族群众的全力支援，粮食供应、担架运输由少数民族承担，少数民族人民不怕艰苦、服从领导的优点最突出，在整个解放战争中对我们支援和贡献很大。”①

五指山革命根据地为琼崖纵队提供了广阔而巩固的大后方，有了比较充足的人力和物力。1947—1948 年，琼崖纵队就从原来的七千余人发展到一万多人，一年以后又增加到两万两千余人，其中黎族战士占很大比重。仅 1948 年这一年，就有四千多名黎族青年参加琼崖纵队。黎族战士作战勇敢，在战斗中涌现了许多英雄，1950 年 5 月，琼崖纵队举行庆功大会时，有六十多名黎族战士被评为功臣模范，其中陈理文被评为全国特等战斗英雄。

王国兴在解放初期，回忆革命战争时期黎族、苗族人民的斗争史时，说道：“海南黎、苗族聚居区……在这长时期中，黎、苗人民在共产党的领导下和汉族人民如兄弟般的紧密团结，对敌人做了不屈不挠的斗争。日寇和国民党匪帮灭绝人性地对我黎、苗人民烧杀、抢掠，实行了无数次进攻围击，常（长）期的清剿与封锁，使我们家破人亡，没有屋住，不能耕种，受饥受寒。但我们男女老幼，没有向敌人屈服，始终忠诚地在共产党的领导和汉族兄弟的帮助下，建立起我们的武装组织，来坚持对敌的斗争。我们有参军和做地方工作的黎、苗族青年约两万人，并且有巨大数目的粮食、款项支持长期的战争；我们的民兵许多次击溃敌人陆、空军配合的进攻；在配合游击队消灭敌人，保卫基地，以及参加重要的战役上，都起了重要

① 《冯白驹同志访问录》，原件藏广东省民族研究所。

的作用。”①

王国兴的这一发言极好地概括了当时的历史，而他个人也正是沿着这一历史足迹走过来的。

在解放海南的整个战斗中，黎族人民支援前线的动人事迹数不胜数。每当部队前进的时候，后面总是跟着黎族群众组成的长长的担架队和运输队。他们爬山越岭，给部队送粮食，然后从前线将伤员送到后方的医务所。这些运输员和担架员们赤裸着身体，常以野果充饥，肩负着沉重的担子紧随在战斗部队的后面……

黎族同胞的支前队伍。

① 《1951年，王国兴在中央民族事务委员会扩大会议上的发言》，原件藏国家民委档案室。

人民战争　胜利之本

《新华日报》随军记者曾写下这样的报道：解放大军渡海先遣队的战士们曾看见在战场上“那些赤条条一丝不挂的黎族少女突然出现在敌人炽密的火网下，从地下背起他们负伤的战友，健步如飞，像箭一样地消逝在森林里”。他们也曾在深山中黎族百姓的村落里，“亲眼看见那些黎胞妇女抱着他们重伤的战友在一口口地喂着鸡蛋，用草药洗涤着伤口……当战友们看到这些情景时，许多人都激动地哭了”。战士们在黎族群众面前，激动地表示：“为了海南岛黎族同胞的解放，我们就是牺牲两次也是情愿的。”①

当时的战地通讯曾描述了黎族、苗族群众热烈欢迎解放大军的情景：“部队刚到达和舍村，远在几十里以外的黎胞，连夜准备了猪、牛、鸡、香蕉、花生等，慰劳解放军，并自动集合了两百多民工赶到和舍村为我军抬伤员、扛弹药，沿途黎胞都把房子打扫得干干净净，等候大军来住，妇女们自动设茶水站、组织缝纫队……”②

另有一段报道同样生动地叙述了黎族群众的革命热情：“大军登陆海南时，山里的黎胞立即处于亘古未有的狂欢中，他们狂热地欢迎大军，在大军行进的村落里、大路上到处是舞蹈、欢唱的黎胞。”“黎胞们热烈慰劳大军，把藏在深山中的粮食、水果找出来，送大军，把自己所有的猪、牛、羊、鸡拿出来，慰劳军队。在大军行军的路上，随处可遇装着慰劳品的竹笼子堆积在路口……”③

还有这样一个例子：住在深山里的黎族群众要慰劳解放军，他们组织了几十个人担着椰子、香蕉、菠萝蜜和猪、鸡等食品上路了。黎族群众赤裸着身体，爬过重重的山林，赶到山外的公路上去。到了公路，他们一打听，原

---

① 黎友谅、季音：《漫记海南岛》，上海，新文艺出版社，1952。

② 引自广东省民族研究所资料。

③ 同①。

黎族同胞喜笑颜开欢庆解放。

来部队以急行军的速度刚刚开到前边，追歼残敌去了。黎族群众便又挑着担子往前赶，一直追赶了八天。在途中他们把自带的粮食吃完了，宁肯吃野果充饥，也不肯吃一点儿慰劳品——因为那是乡亲们慰劳“父母军”的。

最后，他们在榆林港追上了部队。当他们在一大群蒋军俘虏面前，欢呼着把慰劳品交给解放军战士的时候，那些俘虏被惊得目瞪口呆，也许他们现在才悟出国民党顽固派最终失败的主要原因，而身经百战的英雄的人民解放军战士们，却激动地掉下泪来。

冯白驹对五指山革命根据地的巨大作用曾做了十分确切的评价，他说：“五指山根据地的最大作用在于战略上保证了海南解放战争的胜利。”[①] 确实，如果没有五指山革命根据地，要取得海南革命斗争的最后胜利是难以想象的。

冯白驹后来回忆说：“当年如果没有王国兴的支持，我们的处境将是非常

① 《冯白驹同志访问录》，原件藏广东省民族研究所。

困难的。”的确，王国兴的主要历史功绩就在于，他在五指山上树起了革命的旗帜，积极支持、拥护和参加了建设五指山革命根据地的斗争。因此，在琼崖人民革命的光荣史册里，应该永载着这位杰出的黎族英雄的名字。

第十章 “和革命同甘共苦”

鼓励战士 战胜困难

在革命战争年代，战斗频繁，生活极为艰苦。王国兴以一名普通战士的身份同革命队伍的所有同志一起迎接战斗的急风暴雨，经受了艰难、困苦的考验。组织要照顾他，他总是说：“我已经参加革命了，你们不要单独照顾我，你们怎样生活，我也应该怎样生活。”他一再表示自己不需要任何特殊照顾，应该“和革命的‘同志父母’同甘共苦”，他给大家的印象是特别乐观、豁达。

那时布匹是很困难的，他和许多战士一样只有一套衣服，而且已经破烂不堪了，两条裤腿都撕成了条条，臀部都露出一块来。当上级给他送来一套新衣服的时候，他无论如何也不肯接受，坚持说自己身上的那一套衣服还可以对付着穿。

他要洗衣服时，便跑到河边去，一边洗澡、一边洗衣。小勤务员抢着要给他洗衣服，他说：“我自己没有手吗?”他洗完衣服后，将它铺在河滩上，便光着身子钻进草丛中躺着，等衣服干了再穿上。

由于敌人的清剿，他们几乎要数天，甚至一天就换一次宿营地，常常是在山上转，因此很少有机会洗澡、洗衣。许多战士身上长疥疮和虱子。勤务员王忠诚满身长着疥疮，头上长了癞，还长着虱子，那当然是有碍雅观了。王国兴常常同小战士们一起捉虱子，他一边给王忠诚抓虱子，一边风趣地对大家说：“你们别看小忠诚今天不怎么好看，那是因为长了疥和头疮。等解放了，那时，我们有好衣服穿了，不长虱子、不长疥了，小忠诚头发梳得光光亮亮的，就成了一个漂亮的青年仔了。”说完他哈哈大笑起来，引得小青年们兴高采烈、七嘴八舌地议论起美好的未来，把眼前的苦日子忘得一干二净了。

王国兴就是这样鼓励身边的战士们去战胜困难的。

身先士卒 不要照顾

饮酒是黎族百姓特殊的嗜好，而且家家都会酿酒，那是用他们特有的山栏稻酿制的，还往往把酒埋在地下，经年之后，才取出饮用。毛贵一带黎族群众更善酿酒，名曰“biàng”，有一股特殊的醇香，王国兴特别爱喝。区政府的干部知道后，就特意照顾他，给他送去一些米酒，但王国兴总不肯接受，他说：“你们干革命不喝酒，我也可以不喝啊！”有时打了大胜仗，黎族群众给他送来一些米酒，他便带去找领导，和大家一起喝。

区行政委员会设在毛贵村，离王国兴家有大半天的路程，加上他经常要下村寨去，跋山涉水，赶路要花许多时间，区行政委员会照顾他，要给他配一匹马，他拒绝了。管后勤的同志说：“你年纪大了，骑马可以节省时间，节省力气。”王国兴说：“我从小就爬山，习惯了，不费力气，把马牵给需要的同志吧！”

事实上，王国兴不论行军打仗，还是下村上寨，爬山总不曾落后过。他不觉得累，也不认为苦，他总是一边爬山，一边给身边的小战士说笑话，始终精力旺盛，极为乐观。

当时，大家都过着军事共产主义生活，既无工资，亦无粮饷、补贴。只有打了胜仗，缴获了敌人的物资以后，才分配一点儿战利品。每当分配战利品的时候，王国兴总要看到周围的每一个人都有了，才肯收下自己的一份。

区党委对王国兴特别爱护，曾多次指示要注意保护他，对他的家属也采取了安全措施。区行政委员会除派勤务员照顾他的生活、派专职警卫员负责他的安全外，区行政委员会主任陈克文经常同他住在一起，以便能多方面对他照顾。

但是，王国兴却不考虑自己和自己的家属，在那动荡的艰苦岁月里，他总是先照顾汉族干部、照顾身边的战士们。

那时有许多黎族少年参加革命，这些少年的双亲大多数已在白沙起义中牺牲了。组织上把这些小战士安排在部队或机关当通信员或勤务员，区行政委员会也分来了一批小战士。王国兴对他们关怀备至，成了他们当然的保护人。小战士们都亲切地称呼他为“阿公”，称陈克文为“二公”。

粮食短缺　野菜充饥

当时粮食相当困难，为保证部队的粮食供应，区行政委员会的干部经常以野果、野菜代粮。

王国兴也和大家一样，挖野菜、拔竹笋、砍野芭蕉[①]充饥。有时抓到蛇，打到山鸡、野兔，就改善一下生活，而多数情况是以竹笋做主粮的。

山区密布着竹林，林间长满了竹笋，但是山上荆棘丛生，王国兴怕小战士被刺扎伤，总是亲自去拔笋。他的腰间总是挂着“笼戛”，里面放着一把钩刀，那是斩荆棘、开山路的好工具。他钻进丛林里，半天就能背回一大捆竹笋来。小战士们就围在一起剥竹笋、切笋、生火煮笋。有时他们一连十多天粒米不见，那清淡的竹笋便成了他们最美味的主食。王国兴同大家一起吃得津津有味。

他们很难得吃一顿米饭。每逢吃米饭的时候，王国兴总要看看下锅的米有多少，如果眼看着一锅不满，他就突然下“命令”说：“今天我来分饭啰!”他分得很快，不一会儿就分好了。勤务员王忠诚看出了破绽，他一边伸手去摸王国兴的腰带，一边喊起来：“阿公的碗怎么不拿出来?（琼崖纵队战士每人都有用椰壳制作的碗，系根一小绳，挂在腰间。）阿公，你的饭呢?”

① 五指山区遍布野芭蕉，形似芭蕉，果实苦涩不能食，但其树心可食，食之淡而无味，亦无营养。

王国兴赶紧把王忠诚拉到跟前，小声对他说：“阿公吃过啦，阿公吃得快，吃完了，才给你们分饭哩！”王忠诚不信，一定要看看阿公的嘴：“阿公，你张开嘴给我看。”王忠诚叫嚷着，不管三七二十一，过去用手掰开阿公的嘴。当然，他在阿公的嘴里，一点儿饭渣也没找到。王忠诚连哭带闹，叫喊着：“我要去告诉二公！”说着就要去找正在办理文件的陈克文“告状”。王国兴一把扯住王忠诚说：“好孩子，莫要去找二公，二公要赶着办公事的，你去吵他，就误了公事啰。阿公现在不饿，阿公明天一定吃饭。”王忠诚不再“告状”了，但他眼里泪水汪汪，他心疼阿公啊！因为他知道，明天，当他还未醒来的时候，阿公就已经上山拔竹笋去了。他在山上一定是找野果吃，吃饱了，才下山，到分饭的时候，阿公又会同今天一样，把米饭留给二公和小战士们吃。

陈克文得知这个情况以后，批评王国兴不爱惜身体。王国兴总是笑笑说：“你别看我老了，身体倒很结实，我能抗饿。克文兄弟你担子重，身体又不结实，政府公文全靠你去办，你要吃饱饭才行啊！”

长夜漫漫　篝火御寒

五指山的夜是寒冷的，他们住在山上的树林里，大家衣衫单薄，没有被子，更没有蚊帐。蚊虫叮、山蜞①咬，还有毒蛇、野兽，夜晚是很难度过的。到了冬天更是艰难，北风飕飕、夜雾浓浓，他们九个人（区行政委员会干部在转战中分成若干小组，陈克文和王国兴的小组有勤务员、警卫员、炊事员、文书等九人）背靠背、身挨身，围在篝火旁，身上盖着茅草，度过那一个个漫漫长夜。小战士们钻进厚厚的茅草里，连脑袋都藏进去，呼呼地睡了，王国兴只将茅草盖着下半身，斜靠着上身，不停地给篝火添柴，一边打着瞌睡。他就这样一夜拢着火，守护着大家，直到天亮。小战士们一觉醒来，只见火堆烧得旺旺的，身上暖暖和和的，可是却不见了阿公，他早就拔竹笋去了。

---

① 山蜞是五指山上的旱蚂蟥，专吸动物血液。

一次，保亭县南圣地区的一位黎族群众给王国兴送来一只猎物，大家未闻肉香已久，都想美餐一顿。王国兴说："一顿吃光太可惜了，还是熬成膏吧，这样可以留着分开吃。"大家听了都赞成。于是他们杀了猎物，开始熬膏。这是一件很花工夫的事情，需要熬几天几夜不停火。白天大家轮班看管、拾柴、拢火，到了晚上，看管的任务自然是王国兴包下来了。膏熬得很成功，后来它果然帮助王国兴他们九个人度过了最困难的日子。

战斗间隙　学习文化

在艰苦岁月里，王国兴以他乐观、豁达、开朗的性格影响着周围的战士们，他特别善于开导黎族战士。

当时武器很缺乏，他们九个人只有两条枪。王忠诚看见别人有枪，自己没有，就闹起情绪来。王国兴便亲手给王忠诚做了一只猄皮口袋，他安慰王忠诚："来，小鬼，没有枪不要紧，有刀也一样可以杀'国贼'！"王忠诚摸摸阿公给他挂在腰间的猄皮口袋，里面真的有一把砍刀，便破涕为笑了。

在最艰险的时刻，王国兴总是挺身而出，从不顾忌个人的安危。一次，夜已深沉，敌机突然对五指山根据地大肆狂轰滥炸。王国兴当时正在一个山洞里参加区行政委员会的会议，听到敌机轰炸，他想起小战士们已经睡熟了，便不顾敌机扫射，跑到宿营地去，连喊带拖地把小战士们送到附近山洞里隐蔽好，直至敌机飞走，才放下心来。

在另一个深夜里，区行政委员会遭到敌人的突然袭击，王国兴当时正同陈克文商量工作。一听到枪声，陈克文忙着收拾文件，王国兴马上飞跑到小战士那里，带他们撤退到安全地带后，又返回去参加指挥战斗。战斗刚一结束，他赶快清点人数，看到大家全部安然无恙，他那严肃的面孔才浮起了笑容。

尽管身处艰苦的战争环境，但是革命战士们仍抓紧时间学习文化，王国兴学习文化的兴趣是在战争空隙里培养起来的。陈克文每天抽空给小战士们上文化课，早上带着大家锻炼身体。他们没有书、没有纸、没有笔，先生用一小块木炭在石头上教写字，学生用树枝在沙地上学写字。课本是陈克文编的顺口溜，如“一二一、开步走”“练好身体打敌人”等。

王国兴怀着极大的兴趣同小战士们一起跑步、做操，跟着小战士们一起认字、练字。他到河边找到一种黄色的软软的小石头和光滑的小石板，给小战士们练习写字。没有上过学堂，一个大字不识的王国兴，就是在这革命战争的空隙里学会写自己的名字，认识“共产党”“革命”“解放”等词汇的。

第十一章　党中央的召唤

受命赴京　渡海北上

1949 年夏，中国人民解放军在飞越长江天堑之后，势如破竹，所向无敌，向南中国挺进，全国解放在即。海南军民在夺取了春季攻势的巨大胜利之后，不给敌人以喘息之机，正准备开展夏季攻势。

7 月的一天，王国兴和五指山根据地的群众正准备在更长的战线和更广阔的地区紧张地进行支前工作的时候，突然接到一个他完全意想不到的通知，党中央要他立即渡海北上，到北京市去。

原来，中国人民政治协商会议即将在北京市举行，由于黎族人民在革命斗争中的重大贡献，党中央指定要挑选一名黎族代表参加政治协商会议，共同商讨国家大事。

1949 年 6 月 28 日，中共中央统战部给琼崖区党委书记冯白驹发来了电报："黎民中能否派一代表参加新政协，如有适当人选，望即开报姓名简历并准备经港赴平速复。"①

当然，在斗争中经过严峻考验的王国兴是最有资格的代表。琼崖区党委将意见报告党中央以后，7 月 10 日，党中央又来电指示："同意派王国兴为黎族代表，望即设法派适当同志当翻译，护送他安全到港来平。"②

---

① "平"指北平市，即今北京市。原件藏中央档案馆。

② 原件藏中央档案馆。

以“出国侨居”之名

琼崖区党委对王国兴的行程做了一系列巧妙的安排。

当时，海南岛沿海几乎控制在国民党反动军队手中，从临高县至乐东县均有敌人坚固的防御工事，敌军封锁了整个琼州海峡，雷州半岛沿海防卫森严，要渡海是相当困难的。

区党委派出与王国兴在鹦歌岭共同战斗过的党代表、临高县委副书记朱家玖护送王国兴出海，又派新华社海南分社记者冯子平作为王国兴的秘书陪同他赴京。

冯子平是琼崖工农红军总司令冯平烈士的侄子，当年 19 岁。一年前，冯子平从泰国侨居地归来，正巧可以同王国兴扮作父子，用冯子平回国接父亲出国侨居的名义出海去。冯子平护照上的名字是冯裕深，王国兴化名为“冯凤吉”。

出发前，冯白驹对冯子平嘱咐道：“王国兴是黎族人民的领袖，你一定要好好照顾他。”

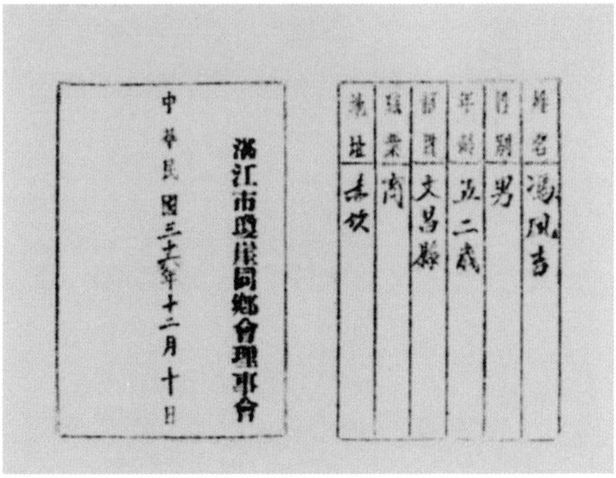
姓名 馮鳳吉
性別 男
年齡 五二歲
籍貫 文昌縣
職業 商
住址 赤坎

湛江市瓊崖同鄉會理事會
中華民國三十六年十二月十日

王国兴化名冯夙吉领取的湛江市琼崖同乡会理事会证件。

出发前，王国兴来到黎族干部训练班，向年轻的学员们告别。他知道他的去向是不能泄露的，只是告诉大家他要到很远的地方去，他语重心长地说：“如果我回不来了，你们一定记住，我们黎人只有一条光明的路，就是跟共产党革命到底。”

头咀港夜渡

大约是 8 月初的一天，王国兴告别了琼崖的战友们，告别了他生活了 55 年的五指山区，朝着一个他完全陌生，然而却是他向往和信赖的、光明的地方，开始了他的遥远的行程。

王国兴一行三人从白沙县毛贵村出发，跋山涉水步行了好几天，来到儋县的泊潮村。这是一个革命村庄，儋县的第一个党支部就是在这里建立的。临高县委派出了女船民黄金女前来接应。黄金女划着一只小艇，将王国兴一行带到临高县新盈村的头咀港，准备从这里偷渡琼州海峡。

耄耋之年的老英雄女船工黄金女，1980 年摄于当年偷渡海峡的头咀港。黄金女飒爽英姿，豪情不减当年。

等到夜幕降临，他们便悄悄地上了一只小渔船，向茫茫大海驶去。

对于王国兴，这真是一个难忘的夜晚。他虽然生活在海南岛已有半个多世纪，但他还是第一次乘船，第一次出海，到内地去就更是过去不敢梦想的事情。在这漆黑的夜晚，在茫茫大海上，后面有国民党反动军队数万驻军，前面是敌军重兵盘踞的雷州半岛，他们随时有被敌人发现的可能。同时，他们被天险恶浪所包围，随时有被大海吞没的危险，但是王国兴此时此刻所感受到的并不是恐怖，而是紧张、兴奋和激动。

他们在海上度过了整整一个夜晚，当他们见到陆地的时候，天边已经泛起了鱼肚白。这时一队敌兵巡逻队正在他们预定的登陆点上盘查。朱家玖从怀里取出手榴弹，王国兴和冯子平隐蔽在船舱里，船家也停止划桨了。空气像凝结了一样，紧张得叫人透不过气来。等了好一阵，巡逻队终于走开了，他们乘隙赶紧上岸。

在岸上不远的一个渔村里，他们同粤桂边纵队的联络员接上了头。粤桂边纵队司令员梁广派出了六名武装人员护送王国兴过境。

一把剃刀表真情

朱家玖完成了护送王国兴过海的任务，立即要返回琼崖去了。王国兴想到自己此去万里之遥，不知何时才能再见，他想送给这位战友一件纪念品。本来，王国兴参加革命以来仍保留着一向的习惯，腰间总挂着“笼戞”，里面放着钩刀，那是工具，也是武器，里面还有烟丝。现在他身为随“儿子”出国去的“侨民”，腰间当然不能再挂那个“笼戞”了。他掏遍口袋，只有一件东西——一把刮胡子用的剃刀。王国兴拉着朱家玖，把剃刀给他说：“老朱，这把剃刀你留下，作个纪念吧！”当时，物资非常困难，找一张草纸都不容易，剃刀更是稀有之物了。朱家玖推辞说：“王总管，你留着还有用哩。”王国兴说：“我到了那边会有新的。”朱家玖只好收下。他们依依不舍地告别了。

粤桂边纵队武装护送

当时敌军在粤桂边区还相当猖獗，王国兴他们虽有武装护送，但只能昼伏夜行。白天，他们住在老乡的家里，夜里匆匆赶路，走了好几个晚上，才到达粤桂边纵队总部。在那里，梁广司令员非常热情地招待王国兴，做了好几个菜为他洗尘。梁司令员告诉他，他们去香港的安排早已准备就绪，有专人护送，湛江市地下党组织通过湛江市琼崖同乡会的关系，为他们办理了前往香港的手续。

湛江市
瓊崖同鄉會
會員證
No. 號
中華民國 年 月 日發

王国兴领取的出境证件之一。

出发的前一天，形势突然紧张起来。原来，王国兴和冯子平都住在湛江市郊一户农民家里，这一天地下党联络员突然要将他们两人分开隐蔽，以便缩小目标，确保安全。冯子平被安置到国民党的一个军营里，充作一位军官的表弟住了一夜。

第二天，湛江市地下党联络员分别将他们送上一艘从西营（湛江）开往香港的轮船，王国兴“父子”俩又相见了。这时，他们身上已经有了正式的护照和出国侨居的各种证件。在南海海面上，一艘轮船正载着即将远离祖国，去泰国侨居的海南岛“侨民”前往香港。

香港分局迎候

当他们到达香港的时候，中共中央华南分局已经派人等候在码头上，迎

参加全国第一次政协会议的少数民族代表，中排左二为王国兴。

接他们了。虽然王国兴来到了陌生的地方，但却是投入了亲人的怀抱，他无比激动，只是拉着那些素不相识的同志憨笑着，什么话也说不出来。

在华南分局为他们预备的住地，王国兴意外地见到了琼崖纵队原四支队长，现已晋升为琼崖纵队副司令员的马白山，更是喜出望外。原来马白山副司令员也是应党中央的邀请，代表琼崖纵队赴京参加全国首届政协会议的。为了安全，马白山是从另一条路线秘密渡海到达香港的。在香港，中共中央华南分局书记方方设宴招待了王国兴、马白山等人。

8 月 30 日，中共中央电告冯白驹："马白山、王国兴两同志已安抵港拟直接北来。"①

三天之后，他们乔装华侨，登上了一艘外国大轮船。马白山和冯子平穿着笔挺的西服，王国兴则穿着一般汉族老人爱穿的宽大的唐装，每个人都提着崭新的、漂亮的高级小皮箱。在外人看来，这一行"金山伯"衣锦荣归"唐山"省亲之后，又要回到"金山"去了。他们上了船，才知道同船的还有华南其他地区的赴京代表共二十多人。在他们的船舱里，早已经预备了各自的乔装品。给马白山和王国兴的是两大箱线装古籍书，这是为应付国民党顽固派的稽查队而准备的。万一在海上，轮船被截，要搜查时，这些古书将是他们一行东渡日本旅游的一个物证。

解放区的天空　党中央的怀抱

这些不过都是为了预防万一的慎重措施，他们所乘的大轮船意外地很顺利地通过了台湾海峡，从祖国的南海驶经东海，抵达黄海，在山东省青岛市靠岸了。这里已是明朗的世界，山东解放区人民和中国人民解放军山东部队指战员热烈欢迎来自祖国南方的人民使者。当人们获知王国兴等同志来自战斗的海南岛时，更是倍加尊敬。王国兴一行在山东解放区参观了几天之后，

① 原件藏中央档案馆。

乘着人民自己的火车向着新中国的首都——北京市进发。

王国兴自离海南的一个多月以来，一路上几乎没有说过话。因为他平时讲惯了黎语，有时也说海南方言，却不会说普通话。为安全起见，冯子平同他“约法三章”，在路上一般不要说话。

于是，一路上王国兴都沉默着，这可把他憋坏了。现在，火车在解放了的国土上奔驰，大地是人民的，空气是自由的。在这里，他愿意说什么，就可以说什么了，他看到什么都新鲜，什么都想问一问，他要把憋在心里的感受倾吐出来！

在他眼里，什么都是有趣的、新鲜的，从未见过的，他真是有些目不暇接了。在他眼前呈现的是一个崭新的、过去他所想象不出的广阔的世界，他感到心胸豁然开朗、视野宽广了。

他看着车厢两旁不断闪过的景色，胸中汹涌着感情的浪潮，激发着、加深着他对祖国的热爱。正是怀着这种圣洁的情感，王国兴经过数十天的辛苦，辗转行程万余里，终于投入了党中央的怀抱。

出席第一届中国人民政治协商会议的国内少数民族正式代表10名，候补代表2名，他们是刘格平（回族）、张冲（彝族）、奎璧（蒙古族）、朱早欢（苗族）、吴鸿宾（回族）、杨静仁（回族）、朱德海（朝鲜族）、王国兴（黎族）、天宝（藏族）、白寿彝（回族）、金汉文（蒙古族，候补）、多杰才旦（藏族，候补）。

在华南解放区的代表中，有琼崖解放区的代表李独清，马白山是华南解放军的代表之一。[①]

在北京市，王国兴被接到少数民族代表团驻地——民族招待所，他同杨静仁同住一间寝室。尽管他们语言不通，但是通过互相无比信赖和友爱的目光，交换着他们共同的情感和愿望。他们相处得很亲密。

少数民族代表团团长天宝对王国兴也极为关切，总是询问他缺少什么，需要添什么？

其实，党中央早就为来自祖国最南方的客人准备好了一整套过冬的衣着。

---

① 参见朱训、郑万通主编：《中国人民政协全书（上卷）》，721～723页，北京，中国文史出版社，1999。

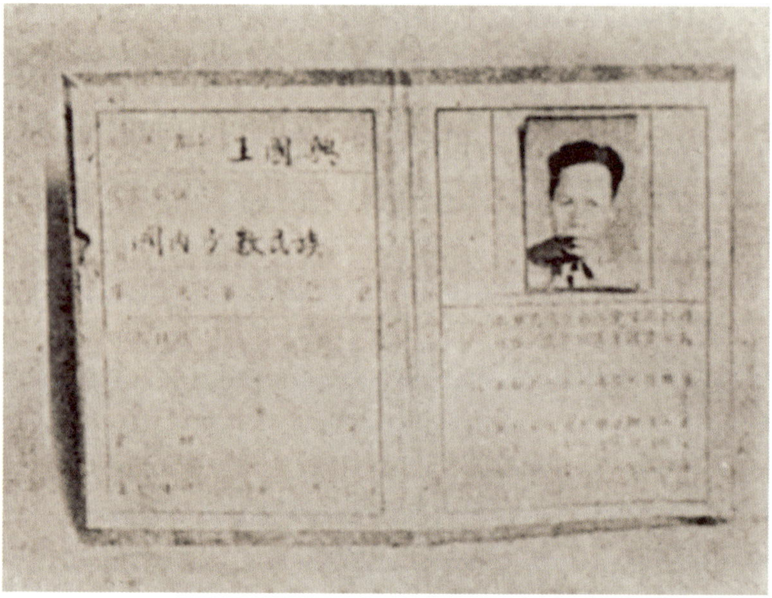

王国兴参加全国第一届政协会议的代表证。

王国兴在海南数十年来常常衣不蔽体，脚上更难得穿上鞋子。现在，他的头发理得整整齐齐，头戴一顶暖和的鸭舌帽，身穿一套崭新的中山装，鞋袜等物品一应俱全，还给他准备了一件皮大衣。

王国兴当然很高兴，但他还提出了一个奇怪的要求，要买一支长竹烟筒。原来，王国兴在五指山抽的烟筒是用一支碗口粗的大竹子做成的，足有一米长，这次赴京当然不能携带了，他又不会抽烟卷，一路上已经憋得够受了，现在来到北京市了，就更想抽烟了。

北京市没有五指山那种大的长竹烟筒。大会工作人员为此走街串巷找了许多地方，才找到一件代用品——一个外表很漂亮的铜质的水烟筒和一大包烟丝。王国兴很高兴，打那以后，总带着这个水烟筒，见人就说："哎，这是从北京带回来的。"

王国兴参加全国第一届政协会议期间，大会专门为他购置的铜质水烟筒。

代表少数民族在大会上发言

在会议正式开幕前，代表们曾对有关改国号的问题有过一场争论，即在“中华人民共和国”国号后面加一个简称“中华民国”的问题。83 岁的美洲华侨领袖司徒美登强烈反对，他说：“我是参加辛亥革命的人，我尊重孙中山先生，但对‘中华民国’四个字，绝无好感。理由是中华‘民国’，‘民’无涉。……我们的国号应叫中华人民共和国，抛掉‘中华民国’的烂招牌。”

当杨静仁向少数民族代表传达的时候，王国兴很坚决地表示：“国民党

参加全国第一届政协会议的少数民族代表合影，前排左起第二人是王国兴。

最坏，我不同意用‘中华民国’的简称。”这可以说是王国兴首次对国家大事发表的意见。①

9 月 21 日，中国人民政治协商会议在怀仁堂正式开幕了。王国兴同党和国家领导人以及全国各民主党派、各人民团体、人民解放军、各地区、各民族和海外华侨的六百多名代表欢聚一堂，共同商讨人民中国的第一件大事——成立中华人民共和国。

王国兴从尚未解放的海南岛来到这里，亲眼看到了中国的历史翻开了新的一页，一个独立、民主、和平和繁荣的新中国就要诞生了。他怎能不激动呢？他和全体代表一样感到无比的欢欣和鼓舞。

大会对黎族人民怀着崇高的敬意，邀请王国兴代表国内少数民族在大会发言。王国兴虽然已经度过了 55 个春秋，但是要在全国，甚至在全世界有名望、有知识的这么多人面前，在国家的这个最高级会议上发表讲话，还是头

① 参见冯子平：《琼崖革命精英录》，香港，天马图书有限公司，2005；冯子平：《雨过天晴夕阳红》，香港，银河出版社，2008。

一次。应该说什么呢？他睡不着觉了，既紧张，又兴奋。当冯子平代他拟写发言稿的时候，他说："你就写两点吧，第一点是一定要讲历来反动派都不把俫黎人看作是人，只有共产党领导，俫黎人才有出路。第二点，要说俫黎人自己个人也只有跟共产党走，才能摆脱苦难。"

其实，王国兴说的两点，也就是一句话，那是在他心里重复过千百次的话，是他从血与火的战斗中总结出来的，万语千言凝结为一句，这就是：俫黎族人民永远跟着共产党革命到底。

在怀仁堂庄严的大会厅里，王国兴用海南方言发言，冯子平担任翻译。

他说："少数民族向来被统治者认为做苦工、出钱、出粮、做奴隶是够'资格'的，但参与讨论国家大事是没有份的。""今天不同了，共产党不但分给我们田地，同时也分给我们参与讨论国家大事的权利了。我们只有永远跟着共产党走，跟着毛主席走，我们的一切权利，才会得到保障，我们的前途，才会光明灿烂。"①

王国兴朴实、无华而又充满深情的发言受到全体代表的热烈欢迎。

10月1日，中华人民共和国宣告成立。在这无比庄严的一天，王国兴随同国家领导人一同登上天安门城楼。当他站在天安门城楼上，看到威武、雄壮的中国人民解放军队伍大踏步走过天安门广场，人民空军的机群在广场上空飞翔的时候，高兴极了。他充满信心地对冯子平说："看，我们人民解放军多英勇呀！全国马上要解放了，我们海南也一定很快就会解放的。"

会议正式开幕的前一天，王国兴和冯子平上街去了，回到招待所才听说，刚才朱总司令来看望了少数民族代表。王国兴后悔不迭地责备自己："我为什么偏偏要在今天上街去啊！"他感到非常遗憾，好在他很快地就得到了补偿。

党中央领导毛泽东主席、朱德总司令、刘少奇副主席、周恩来副主席等都亲切地接见了代表们。在北京饭店举行的宴会上，周副主席亲切地同王国兴握手，把他介绍给在座的代表们说："这是海南岛来的黎族代表王国兴同志。大家都知道冯白驹同志领导海南人民打得很好，海南人民坚持了23年红旗不倒。黎族人民斗争很坚决，对革命贡献很大。"

据冯子平回忆，在此次宴会上，周恩来副主席还亲自教王国兴怎样用刀叉

---

① 《中国人民政治协商会议（第一届）文件汇编》。

冯子平是王国兴的秘书，这是秘书证。

吃西餐，并把他介绍给坐在他对面的章乃器说：“这位是王国兴，冯白驹派来参加政协的黎族代表。冯白驹领导琼崖纵队今年打了许多胜仗，贡献不小。”①

我不能留下当官

王国兴受到党中央的亲切关怀，党中央给予黎族人民、给予他很高的评价。他被选为全国政治协商会议第一届全国委员会委员。但王国兴认为他所做的一切是很平凡的，是应该做的。因此，当他被选为全国政协委员的时候，他对中央领导说：“不行啊，我没有文化、没有能力。”

中央领导鼓励他：“国兴同志，你有斗争经验，至于文化可以学，能力可以提高的。”

---

① 冯子平：《琼崖革命精英录》，天马图书有限公司，2005；冯子平：《雨过天晴夕阳红》，香港，银河出版社，2008。

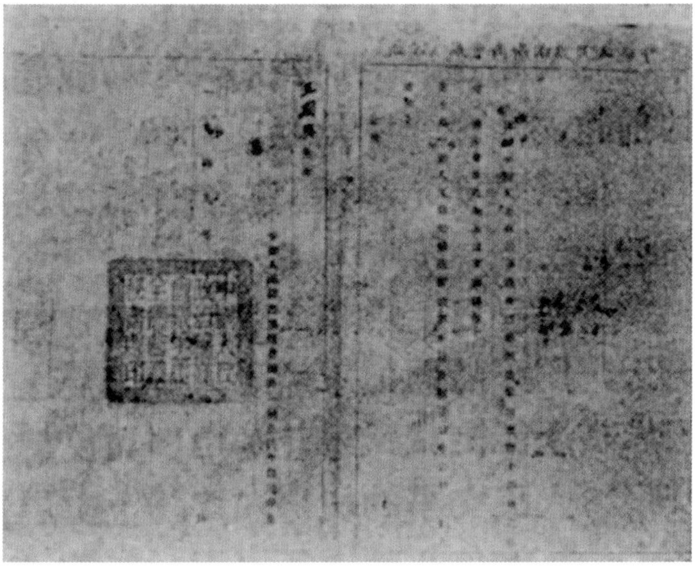

王国兴当选全国政协委员的通知书。

他却说："我离开海南的时候，冯司令员告诉我，叫我开完会，就回海南去，那里有很多事情要做，我怎能留在这里当官呢!"

当时，杨静仁兼任第一届全国政协党组总干事，他来给王国兴做思想工作。他对王国兴说："我要祝贺你、恭喜你当选政协委员和民委委员。这是黎族的光荣，也是你的光荣。"还鼓励他说："好好干，这是为人民服务。"听了杨静仁的一番话，王国兴就不再说什么了。①

当然，王国兴最后还是服从了党中央的安排，接受了党和人民的重托，在当选全国政协委员的同时，也被选为中央民族事务委员会委员。

这时，王国兴身上还多了一件特殊的东西——一支五响小手枪和子弹。这是中国人民解放军总司令朱德特别为王国兴南归配备的武器，并发给他由

① 参见冯子平：《琼崖革命精英录》，香港，天马图书有限公司，2005；冯子平：《雨过天晴夕阳红》，香港，银河出版社，2008。

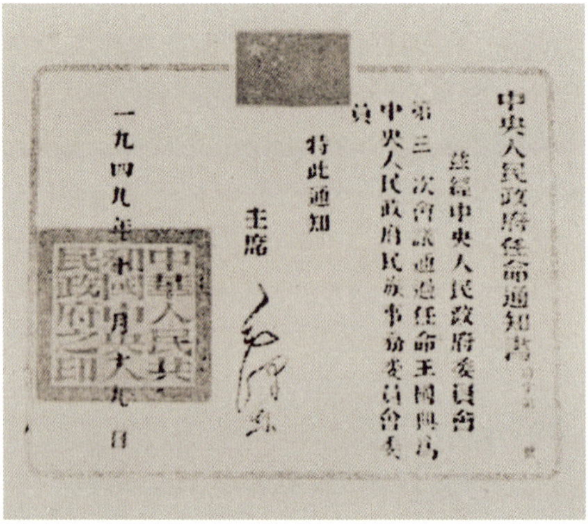

中央人民政府任命通知書

茲經中央人民政府委員會
第三次會議通過任命王國興為
中央人民政府民族事務委員會委
員

特此通知

主席 毛澤東

一九四九年十月十九日

中華人民共和國中央人民政府之印

中华人民共和国主席毛泽东任命王国兴为中央民族事务委员会委员的通知书。

中央军委发出的配枪证书。①

10 月中旬，王国兴随同华南地区的代表乘火车到江西省南昌市，然后从南昌市乘汽车南归。在回程中，海南岛的代表全聚在一起了，除王国兴和马白山外，还有澄迈县县长李独清，也是王国兴早就认识的。

当王国兴一行路经粤北时，当地群众十分热烈地迎接他们。聚居在粤北的瑶族、壮族等少数民族群众还邀请王国兴做报告，介绍白沙起义的英雄事迹，由马白山副司令员担任翻译。他的报告受到热烈欢迎。

当他们回到广州的时候，广州已经解放了，并且正在组织解放海南岛的战役。组织上决定，马白山、李独清先后随部队渡海，而让王国兴留在徐闻县等候解放以后，才回去。王国兴虽然非常着急，一心想要早日回到战斗着的五指山去，那里有工作在等待着他，群众在盼望着他，但是他知道必须服从党的安排，于是在徐闻县住了下来，等待着解放海南岛的日子。

---

① 这支小手枪，在“反地方主义”运动中被查抄，早已不知去向。当时幸免未被查抄到的部分子弹，由王家贤保管，在“文化大革命”中又被查抄出来，当作王国兴和王家贤“反党”的“罪证”。为找出早已被查抄走的小手枪，造反派将王家贤住宅翻了个遍，房前、屋后、床底下全被掘地三尺，那些剩余的子弹当然也被洗劫一空。

1950 年 5 月 1 日，战斗了 23 年的海南岛终于解放了。王国兴怀着急切、欣喜的心情回到海南岛，他一踏上海南岛，就兴冲冲地开始了他向海南岛人民的汇报。

我们中国真伟大

王国兴从海路北上，从陆路南归。无论是乘海轮航行在海上，还是乘汽车、火车飞驰在陆地上，他总是不停地向窗外望去。祖国辽阔的原野、美丽的景色，引起他无限的感慨。过去，他只看见海南岛的风光，熟悉五指山的密林，却从没见过海南岛以外的地方，祖国一望无际的平原和千姿百态的河山是如此壮丽！他常常情不自禁地叫起来："快看啊，真好啊！我们的国家原来这么大、这么宽，我们中国真伟大！"

如今在他的心里，海南岛和五指山已经同伟大祖国紧密地联系在一起，他为此而感到幸福和自豪。当他回到家乡的时候，仿佛觉得海南岛变得更加宽阔、五指山变得更加高大，而他自己也变得年轻了。

白沙万人盛会　发表动人演说

王国兴回到家乡后，便立即出发，到各县向群众汇报自己受海南岛人民的委托、受党中央的召唤到北京市开会的感受，把全国第一届政协会议和开国大典的盛况，把他所见到的一切都告诉海南岛的同胞们。

白沙县隆重召开了有数万群众参加的大会，热烈欢迎他们的领袖和英雄从首都北京市胜利归来。整个白沙县城像欢庆盛大的节日一样，大会会场上彩旗如云、锣鼓喧天、鞭炮齐鸣，许多人从很远的村寨赶来参加大会。

王国兴神采奕奕地站在临时搭起的讲台上，激动地说："黎族、苗族同胞们，我们人民自己的国家成立了，中国人民站起来了，我们黎族、苗族人民也站起来了！过去反动派不把我们看作人，今天，我们解放了、自由了，我们是国家的主人翁了。过去，共产党领导我们打败了日本鬼子、打败了国民党顽固派，现在，共产党将要领导我们建设了。以后，我们要把五指山区建设好，要使我们黎胞、苗胞都有饭吃、有衣穿、有房子住，要使我们的小孩有书读，要建设美满、幸福的生活……"

王国兴把他的热情以及对未来新生活的向往和希望，带给了全体黎族、苗族人民，整个黎村、苗寨传遍了这个幸福的佳音。

北京之行好像是党在王国兴的身上倾注了无限的热和光，使他觉得自己身上增添了无穷的力量，他恨不能为革命事业把自己的全部精力倾泻出来。从此，他和黎族、苗族人民开始了建设家乡的新的战斗历程。

第十二章　第一任州长

迎接中央访问团

解放了的中国，百废待兴，正面临着许许多多的困难。这时，党中央把民族工作提到了重要的议程。

马列主义告诉我们，“在民族问题上，夺得国家政权的无产阶级的政策绝不是像资产阶级民主制那样从形式上宣布民族平等”，而必须“帮助从前受压迫的民族的劳动群众达到事实上的平等”①。共产党人“必须帮助各少数民族的广大人民群众，包括一切联系群众的领袖人物在内，争取他们在政治上、经济上、文化上的解放”②。

为此，党中央制定了一系列帮助少数民族实现繁荣和发展的政策，党的民族政策的阳光照亮了祖国各民族地区，温暖了祖国民族大家庭的每一个成员。

1951 年，党中央派中央民族访问团，带着中央和全国人民的深情厚谊，千里迢迢，渡过琼州海峡，来到五指山区访问。他们送来了毛泽东主席亲笔所书“中华人民共和国各民族团结起来”的锦旗，以及大批衣物和药品。同时还带来了一支有近百人的中国红十字会医疗队。后来，海南黎族苗族自治州医院及各县的医院就是在这个基础上，逐步建立起来的。

---

① 列宁：《列宁全集（第三卷）》，760 页，北京，人民出版社，1992。

② 毛泽东：《毛泽东选集（第三卷）》，985 页，北京，人民出版社，2008。

黎族同胞热烈欢迎中央访问团。

中央访问团团长李德全来到黎族村寨。

1953年10月，由中南民族事务委员会主任张执一带领的海南工作组领导和海南黎族苗族自治区领导的合影。

五指山区各族人民用最隆重的民族礼节热烈欢迎党中央派来的亲人，王国兴亲自陪同代表团跋山涉水到黎村、苗寨访问，他还给代表们讲述黎族人民当年武装起义、寻找共产党的艰苦历程。

王国兴在白沙县欢迎中央访问团大会上讲话。

王国兴对中央民族访问团成员介绍起义时用的武器："当年我们就是用这粉枪打'国贼'的。"

勇挑重担

这个时期，王国兴和群众一起积极参加肃清国民党顽固派的残余武装力量和土匪的斗争，以及土地改革、镇反、"三反"、"五反"和抗美援朝等运动，并积极投身到祖国的社会主义建设事业之中。

1952 年 7 月 1 日，根据《中华人民共和国民族区域自治实施纲要》，正式成立了海南黎族苗族自治区。

在海南黎族苗族自治区首届人民代表大会上，选举了黎族和苗族的代表 297 名，占全体代表的 93%，其中黎族代表占 83.4%，这充分体现了少数民族人民当家做主的权利和各民族一律平等的精神。

在这次大会上，王国兴当选为海南黎族苗族自治区第一任主席。

1955 年，在海南黎族苗族自治区第二届人民代表大会上，根据《中华人民共和国宪法》，自治区改为自治州，自治区政府主席改称自治州州长。

当时自治州的行政区域包括乐东、白沙、保亭、琼中、东方5县，黎族占自治州总人口的83.4%，苗族占自治州总人口的9.6%，其余为汉族。自治州行政区域后来增划了崖县、陵水、昌江3县，共为8个县。总面积约为1.79万平方公里，占海南岛总面积一半稍多。全州包括黎、苗、回、汉等民族，当年人口为110余万人。

王国兴曾经认为自己文化低、资格浅，承担不起自治州的领导工作，他诚恳地请求上级机关派汉族老干部来领导。他说："我们没有老干部，请组织派老干部来领导才行。"

当时担任中央民族事务委员会领导职务的乌兰夫对他说："国兴同志，你就是很老的干部了，你是经过斗争考验的老同志，还有其他经过战斗考验的民族干部，你应该把这些老同志组织起来，共同担负起建设自治州的责任。"

后来，王国兴又向当时担任中共中央华南分局统战部长兼广东省人民政府副主席的冯白驹提出："我们民族地区太落后了，没有汉族老大哥的帮助不行。"冯白驹答应了他的要求，派一位秘书辅导他学习文化。

年近花甲的王国兴像一个充满活力的年轻人一样，迎接着这个新的时代。他衷心拥护党的一切政策、法令和号召，并深信，我国各民族团结、繁荣和发展的一个黄金时代开始了。

从此以后，王国兴在党的民族区域自治方针的指引下，投身于海南黎族苗族自治州的建设中，他经常下乡调查、研究、指导工作，五指山的村村寨寨布满了他的足迹。

吃饭问题是首要的

在短短的几年里，五指山地区从保留着原始公社制残余的社会，跨越了几个历史阶段，和全国各族人民一起过渡到社会主义阶段，发生了翻天覆地的变化。

但是，历史上遗留下来的落后的生产、生活状况，绝非一朝一夕能够改变的。这首先反映在农业生产上。

黎族和苗族历来以农业为主，有耕地，同时也需要砍山，种山栏稻。[①] 部分居民住在高山峻岭之间，靠刀耕火种，辅以狩猎和采集土特产为生。解放初期，中南行政委员会民族事务委员会对海南黎族苗族自治州的经济状况做过调查，其中一份报告描述了民族地区生产还很落后的情景：

"……耕作技术落后，全区尚有一小部分地区刀耕火种，牛踩田（牛踩田是将牛群赶到稻田里，以踩踏代耕犁，把土踩烂后插秧），收割时是一穗一穗用小刀割下来。大部分地区没有中耕、除草、积肥和施肥的习惯。农具缺乏，且多是木质。现在所用农具仍全部从汉族地区运进，本区几乎没有铁匠，不但不能新制农具，旧农具亦无法修补。水灾、旱灾、虫灾、兽灾、风灾，特别是台风等自然灾害年年都有，严重影响生产，因而产量低微（每亩一百三十斤左右），人民生活很苦，一般每人每年约缺二至四个月粮食。"[②] 每年大多数黎族、苗族同胞都会受到饥饿的威胁，要以野果、野菜充饥。

为解决海南黎族苗族自治州人民的吃饭问题，国家在1952年拨出大批救济款和数百万斤救灾粮，向群众发放了大量的农业贷款，为群众购买了数十万件铁质农具。

同年春天，王国兴向中央汇报了自治州的困难情况，中央决定立即增拨60亿元（相当于现在——指20世纪80年代初的60万元）的农业贷款。

这一系列的紧急措施基本上解决了群众生产和生活上的困难。王国兴对此既高兴，又内疚。他向全州干部提出，不能长期依靠国家，必须迅速改变自治州刀耕火种的落后状况。他说："现在解放了，我们不能总是手捻稻[③]、牛踩田了，我们要学汉族地区那样也用铁犁耙。"他又说："最近中央又给我们自治州拨了专款，对我们帮助很大，但是，我们不能光靠向上伸手，要靠自己努力增加生产。我们也不能永远到汉族地区去买农具，自治州应办起自

---

① 这是一种比较原始的耕作方法，即把山林或荒山砍倒，树木烧光，清除残枝后，男子以尖木棒戳穴，妇女随后点种子，经一次除草，即等待收成。

② 1954年《中南行政委员会民族事务委员会关于检查海南工作的报告》，原件藏中共中央统战部档案室。

③ 手捻稻是黎族苗族群众使用的一种落后的收割方法，即用一小铁片夹在木片上，用中指捻之，一穗穗地收割稻谷。

己的农具厂，我们要自己打锄头、钩刀和犁耙。”

在王国兴的积极带领下，自治州各县相继办起了联合工厂，黎族和苗族人民有史以来第一次生产出了铁质农具。

海南黎族苗族自治州还立即开展了全面的、大规模的农田水利建设。海南岛历史上最大的水利工程——都总水库，建在自治州境内保亭县与陵水县交界处。这一工程被列入国家重点建设项目。各县都进行了一系列农田水利建设，使大量农田受益，许多单造田变成了双造田。

王国兴欣喜地向党中央汇报了自治州人民在政治上翻身以后，农业生产和生活上发生的巨大变化。他说：“人民政府帮助贫苦农民解决了生产和生活上的困难，有力地推动了农业生产的发展。”

他还非常具体地向党中央汇报：“人民都有饭吃、有衣穿。不少青年男女们到市场来（注：即赶集）还穿上机织布的衣服、胶鞋子，撑着伞，不少农民买了蚊帐及毡被等生活用品。以前国民党顽固派统治阶级留给黎苗人民没有饭吃、没有衣穿、受饥受冻的现象逐渐地消灭了。”①

居有其屋

早在1951年，王国兴就提出了希望尽快解决黎族、苗族人民的居住问题。在一次中央民族事务委员会会议上，他发言时提出：“黎族、苗族人民，居住茅屋，连年的风灾、火灾是造成人民贫困的原因之一；黎族人民织布技术落后，因之没有衣服穿，没有被盖，人人以烤火御寒为过冬唯一办法。这种痛苦不能长期依赖政府的救济，希望能有计划地在那里开设小型砖瓦厂及织布厂，训练黎、苗人民制砖瓦及织布的技术，以解决其居住及穿衣的问题。”②

中央对王国兴的建议十分重视，但因当时国家正面临重重困难，无法及

---

① 《王国兴在中央民族事务委员会第三次（扩大）会议上的发言》，原件藏国家民族事务委员会档案室。

② 《1951年中央民族事务委员会会议文件汇编》，原件藏国家民族事务委员会档案室。

时给予支持。直至 1963 年，省政府开始每年给黎族苗族自治州拨出民房改造费 100 万元。①

海南黎族苗族自治州的民房改造速度虽然缓慢，但是王国兴始终在不断地努力促进这一关系民生的大事的发展。

自治州州府原在乐东县抱由镇，政府的办公室和政府工作人员也全部都住在茅草房里。

王国兴对民族干部说："我们到中央和省里开会时，上级都招待我们住在宾馆，但是中央和省里首长来我们这里却住茅草屋，我心十分不安。"

在王国兴的建议下，自治州州府从抱由镇搬迁到通什镇。通什镇是五指山地区的中心地带，四面群山环绕，气候条件好，交通也较方便，海榆公路沟通着州府和各县的联系。

各级党委和政府十分重视自治州的建设，广东省委派出了工程技术人员，设计、建造了自治州首府的办公楼、大礼堂、医院和招待所等建筑。虽然这些建筑并非高楼大厦，只是一般的房屋，但是对于世代居住在以茅草为顶、树枝为墙的草房的黎族、苗族人民来说，却是破天荒的大事！

自治州州府的房子建起来了，广大的黎族苗族群众何时才能住上瓦房呢？

白沙县黎族县长符桂森虽然身为县长，但是也同样住在茅草屋里。每逢雨天，他家就成了"水瓜棚"，床上盖一块雨布，坛坛罐罐都用来接雨水。有人对他说："符县长，你是一县之长，为何还住茅屋？应盖间瓦房住嘛！"符桂森答道："我是县长，我要等全县群众都住上瓦房了，我才不住茅屋！"

符桂森的话传到王国兴那里，他亲自到符桂森家探望，并号召民族干部向符桂森学习。他说："符桂森是自治州最好的县长，但我们不能让他一辈子住茅屋啊！"

---

① 国家自 1963 年起至 1965 年每年拨给自治州民房改造费为 100 万元，后在"文化大革命"期间中断了。自 1974 年起至 1979 年每年拨给 70 万元，1980 年起恢复到 100 万元。至 1980 年全州共建民房 2.88 万余户。

抓住交通大动脉

由于王国兴当时担任中央民族事务委员会委员，同时还在中南行政委员会和广东省人民政府兼任委员职务。党中央及各级领导对他十分熟悉。因此，海南行政区和海南黎族、苗族自治州的其他领导常常会通过他，把海南岛以及自治州的困难、问题和建议向上级报告。

王国兴把这看成是一项光荣的任务，为建设海南岛和自治州向中央以及向广东省政府献计献策，做了大量的工作。

例如，有关改善海南岛的交通状况，他曾在中央民族事务委员会会议上提出："海南岛处于华南国防最前线，黎、苗民族聚居区，是我们对敌斗争的基地。在艰苦的战争年代，经历了长期的考验和锻炼，他们热爱祖国，对保卫祖国的海边防是有信心的。但是海岸线长、山区辽阔、交通不便，不能适应国防需要。"① 他建议尽快修建贯通海南岛东西和南北的两条主要公路。

不久，一支以中国人民解放军为主力的工程队伍开进了海南岛，组成了筑路大军。他们开山劈岭，修筑了自海口市途经自治州首府通什镇直达崖县（今三亚市），贯穿五指山区的海榆中线公路。同时，又修复了西线公路和东线公路，组成了贯穿海南岛全岛的交通主要干线。

解放前的白沙县没有公路通向外县，九架岭又把白沙县分成两半，交通极不方便。从白沙县城到通什镇，往返要走好几天，土特产运销更困难，对群众的生活和生产造成了很大影响。

王国兴每次到海口、省里或到中央开会，都是先从白沙县牙叉镇走到儋县那大镇的，经常要连夜赶路，因此，他对于交通的不便深有感触。

后来，就是在王国兴的推动下，白沙县于1955年修建了自白沙县牙叉镇

① 《1951年中央民族事务委员会会议文件汇编》，原件藏国家民族事务委员会档案室。

到儋县南丰镇的公路（自南丰镇到通什镇已通车）。这条公路沿九架岭盘山而上，工程相当艰巨。王国兴亲自动员黎族群众参加民工队伍，又亲自到工地察看。人们都说：“每当走上这条公路，就情不自禁地想起了老州长！”

现在，当人们驱车奔驰在宽阔、平坦的沿海公路，或是弯弯曲曲却有惊无险的盘山公路时，道路两旁，茂密的相思树、婆娑的油棕、挺拔的杉树……飞快地在眼前掠过，此时此刻，谁能相信，在20世纪50年代以前，木轮的牛车曾是这里唯一的运输工具！更难想象的是，黎族和苗族群众“家住高山雾茫茫，上山下岭手攀藤”的情景，并非是在远古时代，而仅仅就像是在“昨天”。

如今，六千多公里的公路初步形成自治州四通八达的交通网，从广州市至海口市或三亚市有轮船或飞机直达，从海口市到自治州的各个县都有公路相通，真的实现了朝发夕至。

历史上，黎族、苗族人民唯有依靠鸣枪、吹牛角、敲锣击鼓等方法传递消息，现在遍布自治州各县、各乡的邮电通信网，传递着广大城乡的信息。

工业从无到有

王国兴代表海南行政区及海南黎族苗族自治州广大干部群众提出了有关海南的开发及改善人民生活等方面的意见，这些意见对于党中央和各级部门计划开发和建设海南岛，无疑是具有重要意义的。

例如，王国兴曾提出的有关海南岛公路建设、帮助黎族和苗族人民建造砖瓦厂以及民房改造、苗族人民下山定居等问题的建议，在不久之后陆续落实或着手计划实施。①

又如，他根据海南地区的地理与气候特点，提请国家投资种植热带作物

---

① 《参见1951年王国兴在中央民族事务委员会会议上的发言》，原件藏国家民族事务委员会档案室。

的建议，他说："海南岛为我国唯一种植橡胶地区，黎、苗族地区占全岛一半，地域辽阔，适合种橡胶。为大量供应军事工业的需要和解决人民生活所需，对海南黎、苗族人民给予橡胶贷款，是不容迟缓的。"①

不久，中央和广东省即在自治州兴建和扩建了石碌铁矿以及莺歌海盐场等大型企业，开办农场、林场，种植橡胶和其他热带经济作物。

王国兴看到自治州的建设开始了，非常兴奋，他亲自深入调查，听取广大干部和群众的意见后，对经济建设又提出了许多具体的建议。

例如，通什水电站就是在他积极建议下兴建的。起初，通什电站是火力发电，发电能力只有 100 千瓦。后来，他提出应当利用通什河的水资源，变火力发电为水力发电，从而使发电量提高到 2500 千瓦，既节约了能源，又保护了环境。

水电站和蓄水工程除对农田灌溉起了很大作用之外，还使大部分村寨有了电灯照明，极大地改善了群众的生活。

黎族妇女善于纺织，她们很早就已经利用野生植物纤维和木棉花纺织衣被，她们使用结构简单的踞织机，运用古老的纺织方法，纺织出图案、花纹精美绝伦的筒裙、被单、头巾和花带等。她们不需描摹，随手织出，运用直的、平行的、交叉的、三角形的线条，巧妙地构成整齐的、富有装饰美的花纹。她们可以织出鸟兽、花草、人物乃至日月、星辰等自然景物，组成一幅幅极其生动、瑰丽无比的图案，如《婚礼图》《渔猎农耕图》《祭祀图》等，这些图案构思巧妙、造型简练、色彩艳丽、令人惊叹，显示着一种原始、古朴的美，也表达了黎族人民富于幻想和热爱生活的气质。②

黎族人民完全有理由为此骄傲与自豪，难怪早在古代，"黎锦"就已闻名中原了。有史料称，在宋代，黎族的纺织品"黎锦""黎单""黎幕"颇负盛名，并远销桂林等地。③

在我国纺织史上，作出杰出贡献的元代女纺织家黄道婆发明的轧花车、

---

① 《1951 年王国兴在中央民族事务委员会会议上的发言》，原件藏国家民族事务委员会档案室。

② 笔者大约在 1983 年访问五指山区黎村时，有幸见到了《三宫图》和《龙纹双面锦》两幅黎锦，这两幅黎锦堪称是精美绝伦的工艺奇葩。后将该作收录《中国少数民族地区画册丛刊》广东分册。

③ 参见广东民族研究所编：《广东少数民族》，广州，广东人民出版社，1982。

弹棉弓、多锤纺车和织布机，就是南宋末年，在她流落海南崖州时，从黎族妇女那里学到纺织技术后，进一步改制成功的。

但是，到了近代，由于反动统治阶级的民族压迫，使黎族的这一优秀的纺织技术没有得到传承与发展。以至于在解放前，许多黎族百姓已处在日无蔽体之衣、夜无御寒之被的悲惨境地。

为了改变这种状况，王国兴力促自治州尽快兴办纺织厂。他说：“我们自治州应该办纺织厂，用机器织布，多织，并且要织我们民族的传统花样。要尽快使群众都有被子盖、都有衣服穿。”

在王国兴的积极推动下，保亭县办起了自治州第一间纺织厂。广大黎族、苗族群众和王国兴热切盼望的有衣服穿、有被子盖，不再以烤火取暖度寒冬的愿望终于实现了。

在自治州成立以后的几年里，工业从无到有、从小到大，逐步兴办了电力、农具、农副产品加工等十多间工厂。在第一个五年计划期间，又兴建了油脂、肥皂、制糖、酿酒、炼铁等企业。

过去，民族地区完全没有工业，连最简单的锄头、镰刀，乃至一根针都要从汉族地区输入。如今，有了冶金、建材、陶瓷、药品、食品等数十个工矿企业，工业从无到有，已经迈出了一大步。

破除迷信　相信科学

解放前，黎族群众长期处于极端贫困的生活中，卫生条件很差，缺乏科学和卫生常识。当有人生病的时候，人们便认为那是“祖先鬼”“雷公鬼”或者是“风鬼”“山鬼”在作祟。为了“送鬼”（黎胞称为“做鬼”），就要杀牲，病较轻的要杀鸡，病重的要杀猪或宰牛，因此严重影响了人们的生产和生活。

当时，产妇和婴儿死亡率相当高。瘟疫流行时，黎村更是一片凄惨的景象。黎族的一首民歌描绘了这可怕的景象：

野果山薯当米粮，
山麻树皮做衣裳；
高龄老人五十少，
孩子十生有九亡！

黎族群众还普遍相信“巫术”，认为它可以致人患病、死亡。因此，有人病了，就要在村内或邻村寻找实际并不存在的所谓实行“巫术”的人。男人被称为“禁公”，女人被称为“禁母”，被诬指者往往被伤害，轻则罚款、鞭笞，重则处死。

解放初期这一风俗还在盛行，甚至在保亭县三区还发生了一起干部乱打、乱捕“禁母”的事件，有107名黎族妇女被捕，其中有3名被迫自杀，有1名被打致重伤而死。这一事件造成了严重的混乱。① 福安等6个乡的群众不安心生产，有的群众被迫离家躲避，有的群众自保亭县步行到白沙县，找王国兴告状申冤。

王国兴对于这种状况深为忧虑。他积极支持州委在各县举办的“道公”“娘母”② 学习班，引导群众相信科学，破除迷信，促进生产的发展。同时，他从搞好群众卫生保健工作入手，对群众进行科学卫生常识教育，逐步破除迷信。为此，他亲自到广州市，向省人民政府要求给自治州增派医疗队。

海南黎族苗族自治州成立不久，广东省就增派了医疗队，王国兴还亲自到广州市将一名外科医生和五名护士请到自治州。他对医疗队非常关心，经常去看望他们。他对医生和护士们说：“你们从大城市来到山区，帮助我们少数民族，你们辛苦了，少数民族群众感谢你们。”他十分赞赏医疗队为少数民族服务的精神，他说：“我去省里、去中央开会的时候，一定向领导汇报，请领导表扬你们。”

当医疗队向他反映黎族、苗族群众很迷信，不信医生，只信鬼神的时候，王国兴耐心地向他们讲述黎族、苗族群众的风俗习惯。他告诉大家，

---

① 参见广东省民族事务委员会1952年转发的《海南黎族苗族自治区关于符福全违法乱纪乱捕所谓“禁母”的报告及处理意见》，原件藏广东省档案室。

② “道公”“娘母”是黎族中主持迷信活动的人，他们一般不脱离生产劳动。

群众是相信事实、讲求实际的。如果医疗队深入到群众中去，给群众治好了病，群众自然就慢慢地不再迷信鬼神了。他提出医疗队要成为民族政策的宣传队，做好民族团结工作。他还要求医疗队帮助培养少数民族医疗工作者，他说："到自治州有了黎族、苗族自己的医生和护士的时候，我亲自把你们送回广州去。"

王国兴一有机会就向群众宣传卫生知识。有一次，他在下乡途中，遇到一位黎族妇女抱着孩子发呆，便走过去仔细察看，发现孩子病了。他立即拿出5元钱交给那位妇女，并说："你的孩子病了，赶快带他去看医生，千万不要拿钱去'做鬼'啊！"

党和政府及时派出大批医务人员进入五指山区，宣传科学卫生知识，医治群众疾病，历史上横行于五指山区的天花、霍乱和疟疾等顽疾很快得到控制。由于各级开展了妇幼保健工作，婴儿死亡率迅速下降，群众健康水平显著提高。

在广东省政府的大力支持和海南黎族苗族自治州政府的统一安排、领导下，不久，自治州人民医院及各县人民医院相继建成。

再不能让下一代做文盲

王国兴对自治州的文化教育事业非常关心。他曾经向中央反映："黎、苗族人民，过去没有受过教育，大都是文盲。实行区域自治，干部缺乏，除目前必须要求大批汉族干部帮助外，为长远打算，对培养民族干部和发展文教事业，也是不应迟缓的。"①

黎族没有自己的文字，解放前，只有极少数富有的头人才送儿子到汉族地区去上学。由于文化落后，黎族群众备受欺凌的事例不胜枚举。有这样的事例：善于绣织的黎族妇女喜欢将汉字绣在头帕上装饰，往往用重金请汉族人代书。有的汉族商人欺负黎族群众不识字，竟书写"男盗""女娼"四个

---

① 《1951年中央民族事务委员会会议文件汇编》，原件藏国家民族事务委员会档案室。

字捉弄黎族妇女，善良的黎族妇女不知字的含义，将之绣在头帕上。[①]

王国兴亲身经历过的许多因为没有文化带来的困难更使他感触极深。他常对自治州的干部说：“我这一代人吃够了没有文化的苦，不能让下一代再做文盲了！”

他除了非常重视学校的工作外，还督促自治州的干部办好扫盲班和业余文化班。当自治州在通什镇举办干部夜校的时候，他立即报名参加学习。

他深感自己文化低，看文件有困难，大会发言稿也要靠秘书帮助起草，工作起来十分吃力，便下决心攻克文化关。他每天请秘书将报纸上的重要新闻告诉他，然后逐字逐句阅读，对重要的文件，他还细心地把重点抄写在笔记本上。

干部们去向他请示工作，或者找他谈心，总见他伏案阅读或抄写。他一见到有人上门，便很高兴，立即搬出许多生字来请教，他的警卫员也成了他的“文化教员”。

由于他刻苦学习，到1958年，他不仅能看文件、阅读信件和报纸，而且还能写数千字的发言稿了。[②] 在他70岁高龄的时候，组织上送他到广东省委党校和其他年轻干部一起学习政治经济学，他那种认真、刻苦的学习精神给所有的教师和同学留下了深刻印象。

为了迅速改变自治州文化落后的状况，党和政府采取了一系列措施，如免收学费、对贫苦学生发放助学金、不限制学龄、培养民族师资、举办夜校，等等。此外，自治州各县都成立了专业机构，领导和推动扫盲工作。

1953年，自治州共有小学240多所，至20世纪60年代初已发展到930所，还办起了65所中学和中等师范学校，大批黎族和苗族群众的子女得到了入学的机会。王国兴又亲自督促建成了自治州中学和自治州师范学校。而在解放前，黎族地区只有几所十分简陋的小学，90%以上的黎族是文盲。可见，这的确是一个破天荒的变化。

---

① 参见德国史图博（H. Stübel）的《海南岛的黎族——为华南民族学研究而作》一书的附图（原版图书于1937年在柏林出版）。

② 1958年3月，在“反地方民族主义运动”中，王国兴被批判，他为了在大会上做检查，写了一份两千多字的发言稿。原件由王国兴家属保存。

人们完全可以相信，黎族人民已经永远摆脱了文盲的困扰，踏入了一个文化教育飞快发展的新时代。

培养民族干部

党和国家十分重视民族干部的培养。除了在战争年代成长起来的一批黎族和苗族的干部以外，自治州开始有计划地培养大批青年干部，除开办党校、干部学校、专业学校和各类轮训班以外，每年都有一批青年到中南民族学院和中央民族学院学习。至1956年，自治州派往全国各地学习的民族干部近一千四百人。

王国兴对培养民族干部很关心，他每次到北京市开会，必定去中央民族学院看望自治州送去学习的学生们。回程中，途经武汉市时，也经常下火车，到中南民族学院去看望在那里学习的年轻人。

王国兴总是鼓励他们，要好好学习，学到真本事，回去才能改变自治州的落后面貌。

他还找中央民族学院和中南民族学院的老师和领导，甚至找过班主任，请他们对海南黎族、苗族的学生要严格要求，他那恳切的态度令大家深受感动。

王国兴对他周围的年轻人非常关心，总是鼓励他们努力学习、靠拢组织、要求上进，激励他们做一个热爱祖国、热爱人民、热爱党、维护民族团结的好青年。他对大家说："在旧社会，我们黎族曾经像猴子一样被人锁着拉去展览；今天，我们抬起头来做人了，我们和其他民族一起成为国家的主人了。要记住，这是因为有了共产党的领导。"

在培养年轻民族干部方面，王国兴总是从大处着眼、细处入手。他从不摆架子，对一起工作的秘书、警卫员、勤务员更是情同手足。不论大家在工作中出现什么差错，他总是安慰大家，宽以待人。

解放初期，一次他同秘书一道上北京市开会，要在海口市乘船渡海。那时，旅客要先乘上小舢板，划到停在近海处的渡轮舷梯边上船。秘书在爬舷梯时，不慎将背包掉进了海中，背包里除了俩人的日用品外，还有文件和旅费，背包一入海就沉没了。秘书急得哭了起来。王国兴对他没说一句责备的话，还宽慰他说，以后多加小心就是了。

1958 年，他过去的一位秘书被错划为“右派”，在去外地改造之前，来向老首长告别。当时，王国兴也因为所谓“地方民族主义”而受到批判，虽然心情沉重，却没有丧失信心。他紧紧地握着那位秘书的手，语重心长地鼓励他不要灰心，好好改造思想。

王国兴对下级关怀备至。工作人员和他一同出差，他经常将伙食费“包干”起来，当大家提出异议时，他总是说：“你们工资不高，留着养家吧。”

可见，他从思想到生活的方方面面，时时处处都在关心周围的人。

民族团结是根本

新中国废除了民族压迫制度，使我国的民族关系发生了根本的变化，开创了我国各民族平等团结、互助友爱、共同发展的社会主义新时代。在历史上，历代反动统治阶级在各民族之间制造的是矛盾和隔阂；今天，在开发海南岛和保卫祖国南疆的伟大斗争中，处处展现的是各民族间水乳交融的动人场景。

如琼中县中平乡和南茂乡的黎族、苗族群众，在历史上长期存在土地纠纷，民族关系紧张。解放后，由于对土地进行合理调整，民族间的隔阂逐渐被团结互助所代替。当苗族群众从山上移居到平原居住的时候，黎族群众自愿向苗族群众赠送了土地近五万亩，同时还赠送了大批口粮。黎族群众还帮助苗族群众盖房子、开荒，并向他们传授耕作技术。

又如 1954 年春，琼中县岭门乡加朝村发生了一场大火，全村黎族群众的房屋、粮食都被烧光了。当地汉族群众闻讯，立即自动组织起来向受灾的黎族群众赠送衣物和粮食，帮他们盖房子，使他们很快得以重建家园。

党的民族政策像阳光、雨露浇灌着民族团结的花朵。被派往自治州参加建设的大批汉族干部和群众，认真贯彻落实党的民族政策，全心全意为少数民族服务的精神，受到自治州人民的热情赞赏。他们用黎族山歌唱道：

山连山来岭连岭，
田连田来心连心；
古树红藤相牵挂，
黎苗汉族一家亲。

王国兴认为这种团结互助、患难与共的新型民族关系，对祖国的统一、对建设社会主义事业具有重大的、深远的意义，这一新型的民族关系，只有在中国共产党的领导下才能实现。他更加热爱党、信任党了。他经常向黎族群众倾诉自己的深切感受，他说：历史已经证明，只有中国共产党能够领导黎族人民取得翻身解放。今后，我们只有依靠党的领导，才能过上幸福的生活。

王国兴正是怀着这种信念，向党中央表达了这样的决心："我们海南黎族苗族自治区人民，要永远在共产党领导下，遵照和执行国家过渡时期的总路线，贯彻民族政策，加强民族团结，发展农业生产，并欢迎汉族老大哥的帮助，不断提高人民的物质、文化生活水平，和全国各族人民一道，为共同逐步地过渡到社会主义而奋斗！"①

王国兴是这样说的，也是这样做的。他对民族团结重要意义的深刻认识，使他在维护民族团结这一根本政策时，做到细致入微。

比如，由于历史上统治阶级的挑拨，曾使黎族、苗族群众存在一些隔阂。王国兴经常告诫黎族干部和群众，一定要注意尊重苗族群众和尊重他们的风俗习惯。有些黎村、苗寨共饮一江水，而黎村又在苗寨的上游时，他就特别提醒那里的黎族群众，宰狗的时候，必须到苗寨的下游去，不能有碍苗族的习俗。因为苗族是崇拜"槃瓠"（槃瓠是一种原始图腾崇拜）的，有忌食狗肉的传统习俗。

① 《王国兴在中央民族事务委员会第三次（扩大）会议上的发言》，原件藏国家民族事务委员会档案室。

王国兴始终重视民族团结各方面的工作。他在自治州民族干部中提出“向汉族老大哥学习”的口号，民族团结是他和民族干部谈论的中心议题。他总是提醒大家，要依靠汉族同志的帮助，才能加快自治州建设的步伐。

王国兴身体力行，是团结的楷模。他对汉族干部，不论是领导干部，还是一般干部，都同样非常尊重。他和许多汉族干部结成了莫逆之交或忘年交。许多同他一起工作过的汉族干部都说：“王国兴同志与我无话不谈。”他们之中有琼崖纵队的原领导，有现任的军区司令员，有地委书记，还有在中央工作的领导，更有许多普通干部和群众。

心系万家

王国兴经常下乡，深入群众，了解民情。他每到一个村寨，总是一家一户地去看。他一钻进群众的茅屋，便在灶旁坐下来，拿起老乡的水烟筒就呼呼地抽起来。乡亲们见到王国兴和过去一样待人和蔼可亲，从不嫌弃他们那阴暗、潮湿的茅屋，就都很喜欢找他谈心。只要他一进村，全村人都争先恐后地来看他，连高龄的老妇人也颤颤巍巍地拄着拐杖，来同他拉拉手。

黎族群众争着把自酿的“山栏酒”拿来款待王国兴。王国兴和过去一样，按照他们的民族风俗，接过酒碗一饮而尽。黎族的习俗是，当主人向客人敬酒时，客人必须一口将酒喝掉，然后将碗底朝上，如果碗里有两滴以上的酒滴下来，便要再罚一碗。王国兴在黎族群众家里饮酒，碗底朝上时，从不会滴下两滴以上的。

王国兴尊重自己的民族风俗，不忘记乡亲们，群众很满意。当他离开黎村时，一定会告诉秘书把饭钱付清，群众起初不肯收下，他就对村干部说：群众生活还不宽裕，他们需要钱买盐、买火柴、买针线。村干部只好将留下的饭钱转交给群众。王国兴的规矩一户传一户、一村传一村，人们明白他体恤群众的心情，也便习以为常了。

王国兴到群众家里很随便，群众到王国兴家里也不拘束，黎族群众都喜欢到王国兴家串门，不管是在他的红毛乡老家，还是在通什市的家，总是挤满了客人。

在这些客人当中，有的是同王国兴一道起义的革命老人，他们来看望当年的起义总指挥；有的是在战争年代掩护过王国兴的乡亲，他们来看望当年的白保乐人民解放团团长；有的人是来向王国兴反映情况的；有的是专程来探望王国兴的。

在他们眼中，王国兴不仅仅是自己的民族领袖，是自治州的领导，还是亲兄弟，是阿公，他们想同他亲近、亲近，同他谈谈心、叙叙情。

王国兴对所有来访的客人全都真心实意地欢迎，非常热情地招待，客人们吃、住在他家里，就像在自己家里一样。

王国兴的夫人王爱英还和当年在白保乐人民解放团当炊事员时一样，每顿饭要煮一大锅，供十多个人吃，有时是二十多人吃。若是一锅饭不够，还要煮第二锅。

按照黎族的礼节，待客必须要有鸡、有酒，虽然每位客人都会带一只鸡、带一小罐自酿的山栏酒，或一小袋山栏米来王国兴家，但是，他们往往在王国兴家一住就是三五天，王国兴家一定要有酒肉相待，这费用开支是可想而知的。

当客人们走的时候，王国兴的夫人按照王国兴的吩咐，要送每位客人几元钱做路费，遇到特别困难的，只要提出来，几乎没有不满足的。

王国兴一家平时都是粗茶淡饭，节衣缩食，家里没有箱、没有柜，更没有高级用品。他戴的手表是参加祝贺西藏自治区成立大会时，中央代表团的礼品，可以说那是他家唯一的贵重物品了。

王国兴的子女起初对父亲并不理解，他的小女儿曾埋怨：“我要一角钱那么难，老乡要几元就那么容易。”

王国兴告诉孩子们：“要知道报恩哪！起义的时候，我向群众借了钱①，革命的时候，我又向群众借牛、借粮②，都说好革命成功，就归还的，实际上我哪里还得清欠群众的债啊！”

王国兴不止一次语重心长地对妻子和儿女们说：“革命成果来之不易，有

---

① 指起义失败后，三次派人去找党时，向群众借过很多光洋。

② 指王国兴参加革命后为琼崖纵队筹集粮食等。

多少先烈为我们能有今天，倒在了五指山下。群众当年支持革命，连生命都肯献出来，今天，群众有困难，我还有什么不该献给他们呢!”

不管是个人还是集体的困难，只要王国兴知道了，就一定尽力去帮助解决。1965 年，王国兴已经不在其位了，当他听到红毛公社（现为红毛乡）有几个队打井钱不够的时候，他立即送去 700 元。后来红毛公社修水利，缺 1000 元钱，也是他筹措后，用自己的工资逐步偿还的。

王国兴始终保持着劳动者的本色，关心群众，和群众心心相连。不管是汉族还是黎族、苗族的干部、群众，无不同声称赞他“没有一点官架子”“平易近人”，是“群众领袖”。

自从，王国兴成为一名共产党员以后，他懂得了一个共产党员、一个党的干部，除了谋求最广大人民群众的利益之外，没有自己的特殊利益。每一个党员都应当永远和人民群众同呼吸、共命运，和人民群众同甘共苦，全心全意为人民服务，这就是党的全部宗旨。王国兴对待群众的态度，正是一个共产党员全心全意为人民服务的体现。

王国兴就是这样，以他一点一滴的实际行动，实践着党对人民的承诺。他以他感人的精神，赢得了全州干部和群众的赞誉。当他不再担任州长职务以后，自治州的干部和群众依然和从前一样，尊敬和爱戴着他。

第十三章　不要候补期

要求入党

自参加革命那天起，王国兴就把自己看作是一名普通的革命战士，他把自己的命运同共产党的命运相连，认定自己已经是共产党的一分子。王国兴在自传里回忆他参加革命之初时，写道："我也到澄迈县抗日根据地见到了冯白驹同志……从此以后，我们的斗争就有了胜利的保证。"① 在他同冯白驹相见以后，他被委任为白保乐人民解放团团长。当他重返白沙县的时候，他已经把自己看作是受党派遣的人。他继续写道："由于我熟悉内地②情况，对群众有着广泛的联系和很高的号召力，所以，冯司令员就派我回内地继续组织武装斗争和进行革命，支援前线工作。"③

在艰苦的岁月里，王国兴始终如一对党无限忠诚，从来不曾有一丝一毫的动摇。1946 年，当国民党四十六军对我白沙革命根据地疯狂"扫荡"的时候，有的人动摇了、妥协了，甚至投降、叛变了，王国兴非常气愤，大骂那些人是"坏种"，他说："抓到这些坏种，就杀他们的头！"他教育周围那些跟随他参加起义，又跟随他参加了革命的众人说："我们黎族要解放，一定要

① 《王国兴自传》，原件藏中共中央组织部。
② 这里的"内地"系指当时仍处在国民党统治下的五指山区。
③ 《王国兴自传》，原件藏中共中央组织部。

跟着共产党，绝不能三心二意，‘国贼’一回来就去当顺民，算什么好汉呢!”

黎族人民喜爱用山歌表达自己的情感，王国兴曾经唱过这样一首山歌：

红藤①生刺苦藤牵，
生时相随死相连。
任他磨刀斩河水，
河干水断难分离。

这首山歌表达了王国兴和黎族人民坚决跟随共产党革命到底的决心。王国兴的行动表明，他同党的关系是斩不断的，就像从五指山巅向着祖国的南海奔腾而下的南渡江②一样，川流不息。

那么，王国兴对党就没有什么要求了吗？不。多年来在他的心里隐藏着一件事，那就是要求参加中国共产党。

在长期的革命斗争中，王国兴亲眼看见许多优秀的共产党员不怕艰难、困苦，不怕流血、牺牲，冲锋在前，他们为了人民的解放事业不惜献出自己的生命。如他熟悉的琼崖纵队副司令员李振亚，在战斗中他身先士卒、冲锋陷阵，在胜利的前夕，光荣地牺牲在战场上。又如海南各族人民热爱的女英雄刘秋菊，也因积劳成疾，在五指山区溘然去世。在五指山下，长眠着许多优秀的共产党员。他们英勇不屈，为人民鞠躬尽瘁的模范行动给了王国兴极为深刻的印象。他希望自己能像这些优秀人物一样，为革命、为人民奋斗终生。因而，他越来越迫切要求加入中国共产党。

起初，王国兴不懂得党的基本知识，以为自己既然来投靠共产党，便当然也是共产党的一分子了。后来他发现自己虽然是副区长、副县长，甚至是主任委员和州长了，但是开党的会议时，却没有人通知他去参加。慢慢地，他明白了：原来自己还不是一个共产党员。他想：共产党为什么不让我参加

① 五指山区产藤，有红色和白色两种。红色的叫红藤，白色的叫白藤。此处用“红藤”比喻共产党。

② 南渡江是海南岛最大的河流，发源于五指山，由东方县的霸王岭向东北斜贯海口市，注入南海。

呢？难道是党还不信任我吗？当他想到自参加革命以来，党对他的关怀和信任，他又否定了这一疑虑，但他心里的这个疑团始终没有解开。

虽然王国兴并未直言，但是他周围的同志，包括琼崖党的许多领导都感觉到了。大家都清楚，王国兴心里有一个疑团。但是，在那艰苦的战争环境里，领导的主要精力都集中在对敌斗争的复杂问题上，对于如何正确对待这位民族领袖的问题，还没有来得及认真思考和解决。

解放后，王国兴的工作担子更重了，他对自己的要求也更加严格了。他认真学习党的各项方针、政策，认真去贯彻执行，并亲自到群众中去做宣传，督促检查政策执行情况。他还常常提醒周围的干部，要一丝不苟地执行党的各项方针政策。王国兴以自己的实际行动表明：他坚决拥护党的领导，维护革命利益。

在担任海南黎族苗族自治州州长以后，王国兴感到责任重大，每当群众向他反映情况，或他到村寨调查发现问题时，他总是细心地听取干部和群众的意见，提出该如何解决的办法。

但是，当时自治州存在着党政不分的实际情况，几乎一切都由党委决定，而他是非党员，不能参加地委的会议，许多问题都不能直接提出意见。

王国兴感到自己对许多问题都无能为力了，他常常不知所措，渐渐变得烦躁不安。在他到中央、中南局或到广东省参加会议的时候，这种情绪不自觉地反映出来，引起了中南局领导和中央领导的关切。

关心和鼓励

党中央和各级党组织对王国兴是信任的，并且在各方面关怀和鼓励他。

解放初期，毛泽东主席在中共中央马列学院礼堂接见海南地区的学员时曾谈到王国兴，对他率领黎族人民起义、寻找共产党、为五指山革命根据地的建立、为海南的抗日战争和解放战争所做的贡献给予了很高的评价。[①] 同时，周

---

① 参见1981年4月21日《王雁秋同志访问录》。

恩来副主席也谈了他对王国兴的印象："他很淳朴、很忠厚，他不像一个少数民族的头人，倒像一个典型的老农民。"

1953 年 2 月，中共中央华南分局提名王国兴为全国人民代表大会代表。在推荐书上写着这样的评语："王国兴……十余年来跟着党走，1948 年起即要求参加党""政治上忠诚可靠""是广东少数民族中最突出的领袖人物"。[①]

但是，在自治州工作的某些汉族干部，存在着较严重的大汉族主义。他们没有历史地分析少数民族地区经济和文化落后的原因，看不起，甚至歧视少数民族干部，对王国兴也不例外。一些同志认为他是"头人""没文化""有两个老婆"，等等，更没有积极关心他的组织问题。

1953 年 3 月，毛泽东主席很及时地向全党指出，必须深刻批评我们党内的很多党员和干部中存在着的严重的大汉族主义思想，即地主阶级和资产阶级在民族关系上表现出来的反动思想，即是国民党思想，必须立即着手改正这一方面的错误。他还指出，两三年来在各地所发现的问题，都证明大汉族主义几乎到处存在。如果我们现在不抓紧时机进行教育，坚决克服党内和人民中的大汉族主义，那是很危险的。

为了解决自治州存在的大汉族主义等问题，中共中央中南局派出张执一（张执一当时任中南行政委员会秘书长、中共中央中南局统战部长兼民族事务委员会主任）和广东省人民政府主席古大存于 1952 年年底，带领一个民族政策检查团到自治州，帮助自治州干部克服大汉族主义、学习民族政策，并就王国兴的入党问题，向中南局和中央统战部作了报告。

组织审查

中共海南黎族苗族自治州地委召开了专门会议，对王国兴的历史和思想状况进行了全面分析。大家一致认为，王国兴在民族存亡的历史关头，以大无畏的革命精神，领导黎族人民发动了震惊全岛的暴动；当起义失败后，在

① 在海南建省以前，海南地区包括海南黎族苗族自治州隶属广东省。

强敌的血腥镇压面前，毅然决然地排除万难，坚持斗争，历尽艰辛寻找共产党，把黎族人民引向光明；在革命最艰险的年代，他毫不动摇，始终如一信赖党、支持党，团结黎族、苗族人民全力支持革命战争，为夺取抗日战争的胜利，以及建立五指山革命根据地和解放海南岛立下了不朽功勋。

大家都公认，王国兴从未与反动势力同流合污，从未像有的“头人”那样骑在民众头上，而是真正立足于本民族百姓之中，做一个普通的劳动者。他以勤劳、善良和朴素的品德赢得了本民族群众的尊重、拥护和爱戴。这是难能可贵的。

同时，大家对王国兴的婚姻状况也做了具体分析，认为不能脱离黎族社会的民族特点和历史状况，一味求全责备。

黎族有重子嗣的传统，女子婚后“不落夫家”① 也是黎族的传统习惯。新娘在住娘家期间，男女双方均有“放寮”②的自由。“婚后年老无子的女方，给丈夫选娶第二个妻，是一种责任。”③ 毋庸置疑，王国兴的家庭也受着这种传统的婚姻观念的影响。

王国兴的第一次婚姻是在 1915 年，当年他 21 岁，婚后不久便离婚了。两年以后，他同黎族女子王妚大结婚，生下一男三女。在白沙起义以后，他的两个女儿被国民党抓去，其中一个被国民党卖到外地，一个被匪兵踢下水溺死了，他带着唯一的儿子上了鹦歌岭。后来，他又把儿子送到琼崖纵队当战士。他的妻子身边没有了儿子，从此惶惶不可终日。她那对于子嗣的观念并没有因为丈夫参加了革命而有丝毫的改变。她认为，自己已经是年过半百的老妇人，再无生育的希望。唯一的儿子去当兵，也许永远也回不来，没有儿子对于她是不可想象的事。同时，她还考虑到她的丈夫随革命队伍在外，

① “不落夫家”，即女子婚后仍住在娘家，直到有了身孕，甚至要生下孩子，才正式到夫家定居。

② “放寮”在解放前是黎族地区普遍存在的一种相对自由的两性关系。民族研究工作者认为这是原始社会对偶婚的残余。

③ 中共中央中南局统战部、中南行政委员会民族事务委员会 1954 年 4 月《海南黎族苗族自治区调查报告录编》的《关于海南黎族苗族自治区政法工作调查报告》中有关黎族婚姻特点的调查。

也需要有人照顾生活，便主动提出要丈夫另结鸾好，多生儿子，以传宗接代。① 王国兴在妻子的敦促之下，当然也是同他本人的子嗣观念不可分割的，于 1948 年初与白保乐人民解放团团部的炊事员、黎族姑娘王爱英结婚，婚后生有三男一女。

虽然王国兴已另娶，但是他对于前妻及其所生子女一直尽心抚养。解放后，他的大儿子到北京市学习去了，但他的前妻却误认为丈夫把儿子卖到内地去了，王国兴为解前妻的致命之忧，便乘到北京市开会的机会，将年近古稀的前妻从五指山老家带往北京市，让她与正在北京市读大学的儿子王家贤见了一面。

《中华人民共和国婚姻法》颁布以后，他经常教育黎族干部要带头遵守《婚姻法》，尊重妇女，做一个有道德的人。当一位黎族领导干部在外学习期间，看上一位汉族女子，想同妻子离婚时，王国兴非常生气。他把那位干部训了一顿说："你要另娶，我就撤你的职!"后来，他又对这位干部耐心地进行劝导。

这些都说明王国兴对于婚姻的态度是严肃的。当时，中央民族事务委员会的领导曾为此做过调查，在一份报告中提到："王国兴……和打过游击的部分老干部入党问题：他们基本上是代表基本群众，在群众中很有威信，他们跟共产党十几年如一日，从未动摇过。海南同志反映王国兴有两个老婆（是很早以前娶的），吃饭要喝酒（当主席后不大喝了），但承认他一贯是忠实的，对于这些同志，应该介绍他们入党，以便更好地团结广大黎、苗人民。"②

不要候补期

1953 年初，当时担任中共中央华南分局统战部长、广东省人民政府副主

---

① 据王国兴的长子王家贤回忆，他的生母王妚大物色了黎族姑娘王爱英，同她谈话，请她代自己照顾王国兴的生活。

② 1952 年 12 月 6 日《刘格平同志给张执一、李维汉同志的信》，原件藏中共中央统战部档案室。刘格平同志时任中央民族事务委员会副主任。

席的冯白驹和新任海南黎族苗族自治区地委书记的李黎明一道找王国兴谈话，征求他对加入党组织的意见。地委副书记赵光炬也多次同他谈心，和他一道学习党纲、党章和党的基本知识。

各级党组织的关怀，使王国兴感到无比温暖，他没有说多少话，只是激动地表示："加入伟大的中国共产党，是我参加革命以来的心愿，我永远和共产党一条心。"

王国兴以无比兴奋的心情，亲自填写了入党申请书。他的入党介绍人，中共海南黎族苗族自治州地委副书记赵光炬和组织部长冯安全在他的入党申请书上，写下这样的评语：王国兴同志"是黎族人民中政治觉悟最高、斗争性最强的典型人物"。

1953 年 5 月 20 日，中共中央中南局批准王国兴为中国共产党党员。批文上这样写着："批准王国兴同志入党，不要候补期。"[①]

59 岁的王国兴，从一位"黎头"成长为一名无产阶级的先锋战士，走过了一条极不寻常的、极为艰苦的道路。这条路是党指引的，是党帮助他走过来的。在经历了许多曲折与磨难，在经受了严酷的斗争考验之后，党终于接受了他忠诚而坚贞的儿子。

"不要后补期"——乃是党对王国兴同志忠诚革命事业的最确切的鉴定。

自 1943 年白沙起义以后的 10 年中，王国兴的思想经历了三个发展阶段：起初，他被"逼上梁山"率众起义，那时他只知道要解救黎族人民于水火；在找到共产党的队伍以后，他在党的教育下懂得了应该同汉族以及各民族团结起来，为新中国、为全国各民族人民的解放而战斗；今天，他懂得了一个共产党员应该为世界上永远不再有剥削和压迫，为实现共产主义的伟大理想而奋斗终生。

王国兴的思想从一个民族起义领导人的起点，升华到了一个共产主义战士的高度。

---

① 原件藏中共中央组织部。

第十四章　挫折

刚直不阿

在20世纪50年代中期，我国开始转入全面的、大规模的社会主义建设。海南黎族苗族自治州也和全国一样，以雄姿勃勃的步伐进入了社会主义建设的行列。一批批民族干部成长起来，许多建设项目从无到有、从小到大发展起来，工厂、学校、医院、商店……许多人都说那是自治州的“黄金时代”。

那个时候，王国兴正处在他一生中精力比较旺盛、经验比较丰富、工作能力不断提高、思想也最为成熟的时期。那时，王国兴刚入党不久，正雄心勃勃想要大干一番事业，为黎族、苗族人民多作贡献，把自治州建设好。

但是，正如《中国共产党中央委员会关于建国以来党的若干历史问题的决议》指出的：“这十年中，党的工作在指导方针上有过严重失误，经历了曲折的发展过程。”在民族自治地区更由于把民族问题和阶级斗争问题等同起来，不再承认民族特点和民族差别，否认民族领袖的作用，不尊重民族自治权利等等，以致有的人根本不承认民族问题的存在，说“什么民族不民族，中华民族嘛”！

以上种种“左”的错误，严重地损害了民族地区的各项工作，损害了民族团结，极大地挫伤了民族干部的积极性。

王国兴在这种情况下，完全陷入了被动。他不仅不可能发挥他应有的作用，而且由于他耿直的品性，对人、对事均直言不讳，使他越来越遭到非议，以致受到严重打击。

王国兴同许多刚直不阿的历史人物一样，逃避不了坎坷的命运。

直言进谏

王国兴的心里始终装着几件大事，这就是群众吃饭、穿衣和住房的问题。当他看到党的民族政策得到贯彻，群众的生活得到改善的时候，便眉开眼笑、谈笑风生；当他看到党的民族政策被歪曲或贯彻不力，群众生活很苦、问题很多的时候，他就双眉紧锁、心情沉重、寝食不安；当他看到有损群众利益的现象时，从不稍加容忍，不管是哪一级领导，他都敢于提出尖锐的批评意见。如果他的正确意见不被采纳，他就一直向上反映，从省、中南局直到国务院、党中央，表现出了坚强的党性原则。

早在1948年，在五指山革命根据地开展清匪、反霸斗争时，在某些方针、政策问题上，他就向冯白驹提出过尖锐的意见。

当时，一些汉族商人对少数民族的剥削是很重的。黎族、苗族那时还是以物易物，往往以熊胆、猴子膏、鹿茸等向汉族商人换取生活用品，如布匹、火柴和盐。有些汉族商人竟以一枚针换黎胞的一只鸡，一把锄头换一头猪。这种不平等交易使黎族群众十分气愤。

问题反映到工作团，工作团在支持群众斗争时，产生了“尾巴主义”的偏向，错杀了一些汉族商人。王国兴发现打击面太宽了，立刻十万火急地找到冯白驹，直率地对他说：“你们搞错了！到我们山里来做生意的汉族人不全是坏人，他们是为了活路才来的。你们不分青红皂白杀了他们，以后谁还敢到山里来做生意呢？到那时，我们吃盐就更困难了。这不是自己封锁自己吗？”

冯白驹听了王国兴的一席话，非常震惊，觉得这是一个严重的问题，立即加以制止，这一偏差便很快被纠正过来了。

有一次，王国兴以白保乐边区民主政府副主任的身份到一个区去检查工作，在该区担任领导职务的是一位汉族干部。王国兴发现这个区在清匪、反霸中错抓、错杀了一些人，其中有参加起义的头人，便提出了尖锐的批评意见。这位汉族干部不仅不接受，而且竟然和王国兴顶撞起来，最后还错误地缴了王国兴的警卫员的枪。这使王国兴气愤非常，气得跑上山去了。

冯白驹闻讯后，立即下令将这位区干部撤职，命廖之雄去接替，迅速纠正了扩大化的错误，王国兴这才下山来继续工作。

正面交锋

解放后，王国兴一如既往，绝不能容忍一切违背党的民族政策、侵犯群众利益的现象，为此他不断地将他所发现的问题向州党委、区党委，直至党中央反映。

例如，王国兴向中共中央中南局的领导反映自治州的自治权利问题、合作化问题等。他提出合作化太快了。他说，问题很多，如建高级社时，生产资料作价归公，因此，生产资料少的农民欠下合作社很多钱，干部要他们搞副业偿还。可是，他们又因为生产很忙，没有时间搞副业，因此他们没有收入，不仅没有钱还给合作社，连买盐的钱也没有。

有的贫农原来是贷款买的耕牛，当时买进的牛价很高，而入合作社时，作的价很低，欠了银行和合作社的钱都要追还，但他们还不起。

合作社的管理不善。比如群众生产到很晚，才回到家，吃完饭已经是晚上九十点钟了，还要被叫去开会，常常开到下半夜，有时开到半夜两三点，甚至开到鸡叫，致使群众疲劳不堪，连理发、补衣服的时间都没有。

合作社生产管理不好，如耕牛没有专人饲养，大量死亡。东方县有一个乡，一年里死了耕牛九十多头。

王国兴还提出了群众劳役负担过重的问题。如崖县修筑公路时，强迫群众自带粮食和工具去义务劳动，但许多群众家里没有粮食，也没有修路的工具，结果有一百多人不愿干，跑了，其余的人也很不满。

在文教卫生工作方面，王国兴反映说，在解放初期，国家对民族地区有特殊照顾，群众生病给予免费医疗，医药费是从民族卫生补助费中开支的。

当时，黎族、苗族群众仍很迷信，即使免费，也很少有人相信医药，而是相信鬼神，有了病，就宰牲祭鬼。但现在取消了免费医疗，改为统筹医疗，按人口平均每人每年收费两元。山区群众到医院看病要跑几十里路，小病也跑成了大病，因此生了病，也不愿去治疗。群众认为不如杀头猪或者杀头牛去“做鬼”，落得有肉吃。

对于自治州的教育问题，王国兴反映了由于取消了免费教育，群众负担不起，不愿叫子女上学，因而学生日趋减少、教师不安心等情况。①

对于当时封山育林的问题，王国兴更是再三向有关部门和许多领导提出了十分中肯的意见。

海南行政公署于1955年发布了护林防火布告。当然，封山育林原则上是对的，是应该拥护的。但是这个布告的第一条宣布：不论汉族地区及民族地区一律严禁砍伐和烧山。王国兴认为这样的硬性规定忽视了民族地区的特殊性。

当时，黎族、苗族群众多靠垦山、种山栏稻为生，如东方县有一半以上的乡，群众要靠垦山过活。苗族群众多住在高山之上，生活全部依靠垦山。还有，黎族、苗族群众都住在茅草屋里，茅屋是以茅草为顶、以树枝为墙的。封山育林的硬性规定不考虑黎族、苗族群众历史上沿用的刀耕火种，至今还没有条件全部改变的实际状况，不照顾少数民族“靠山吃山”的习惯，造成了群众生活上极大的困难，甚至是断绝了部分群众的生活来源。

王国兴一再呼吁：“封山育林太死，牛没有草吃，人没有草做屋……番响……牛死了三四十头，屋漏了没有草盖。”②

群众纷纷反映，封山以后，一无地种山栏和杂粮，二无牧草养牛，三无茅草和木材（实际上是指树枝而已）建草房。琼中县第三区南万乡在封山以后，全乡春荒，饥饿户达70%。有的乡因封山无法生活，全村人竟逃荒去了。③ 王国兴向上反映的这些情况显然没有引起足够的重视。

---

① 参见1956年7月3日《张执一同志给李维汉同志的信》，原件藏广东省档案馆。

② 1958年3月9日王国兴所写的书面检查，原件藏中共中央组织部。

③ 参见1952年6月12日中共中央华南分局统战部转发《海南黎族苗族自治区民族政策执行情况检查综合报告》，原件藏广东省档案馆。

为民请命

在王国兴反映上述意见的同时，广东省民族事务委员会也提出了以下看法：“据群众反映，认为过去封山育林的规定过于机械，没有充分照顾到少数民族靠山吃山的习惯，也没有从群众的实际需要出发，订出适合于林区、半林区的封山育林办法，而是一般化的规定，一切森林一律封禁，致使群众不满地说：‘封山等于封了我们的生活。’”①

广东省民族事务委员会的这一意见本来是符合实际的，客观地反映了少数民族地区的特殊性，而且也是符合党的民族政策的。可是这一正确的意见却被当作了“右倾投降主义”的一个例证遭到了批判。

王国兴的意见当然没有被接纳。他眼看群众的困难得不到解决，便决定做一次违法的事情：放火烧山。

其实，王国兴烧的是茅草丛生的荒山，而不是育着幼苗的林地。当然，他的这一举动违反了当时封山育林的规定，但却深得群众拥护，深得广大干部的同情。许多人对于王国兴的烧山举动是捏了一把汗的，但对于他这种一心为了群众利益的精神却非常钦佩。

当时，广东省民族事务委员会在一份报告中写道：“在海南黎族苗族自治州实行封山育林的结果，使群众在生产上、生活上都遭受到损失，山稻因而大量减产，耕牛因没有牧草吃，死了不少，终于激起州长王国兴为民请命，亲自带头放火烧山。”②

本来早已“有职无权”的州长王国兴由于坚持党的民族政策，敢于为民请命，一个更加令人感到窒息的厄运降临到他的头上了。

---

① 1955年6月29日《广东省民族事务委员会对“广东省海南行政公署护林防火布告”提出几点参考意见》，原件藏广东省档案馆。

② 1957年广东省民族事务委员会《广东省民族问题方面人民内部的矛盾》，原件藏广东省档案馆。

首当其冲

中共中央华南分局曾经在一份报告中批评说：“从自治区人民政府到各县、区级政权的民族领袖和干部，都程度不同地有着‘有职无权’的情况。”王国兴曾直率地向上级领导反映说：“我没有权，只有公章。”① 他还说：“我在自治区，他们（指汉族干部）做什么事也不预先告诉我，我什么也不知道，这算什么主席呢?”②

以上这些均构成了他的“严重地方民族主义”的“罪状”。当1957年冬至1958年春的所谓“以反地方民族主义为中心的社会主义教育运动和全民整风运动”在民族地区开展的时候，在海南黎族苗族自治州，斗争的主要对象就是王国兴。

在运动中，共列举了王国兴的大小“罪状”二十三条，整理了他的“错误言论与行动的材料”“之一”“之二”③，其中有好多问题都是按照阶级斗争扩大化的条条框框无限上纲的。

例如，对封山育林过死，没有照顾到民族地区的特殊性这个问题，本来王国兴的意见是对的，却给他扣上了“不遵守政府法令”“不惜国家资源，任意放火，烧国家森林”的罪名。王国兴曾针对有关部门不体恤黎族、苗族群众的生活困难，不肯开放残林荒山的情况，气愤地说过“山是黎人的山，水是黎人的水，都封死了，脱离群众”。当时，这句话成了他“地方民族主义”的主要“罪状”。

其实，这句话并没有什么大错。少数民族人民世世代代生活在五指山区，他们是五指山的主人，他们有权要求在开发这个地区资源的时候，要听取他们的意见、照顾他们的利益。恰恰是在这个重大问题上，王国兴坚持了党的

---

① 关于海南黎族苗族自治州州长“有职无权”的问题曾经反映到党中央。此处引文见1952年中共中央华南分局统战部转发《海南黎族苗族自治区民族政策执行情况检查综合报告》和《广东省四年来（1953～1956）的民族工作报告提纲》，原件藏广东省档案馆。

② 中南行政委员会《中南民族政策执行情况检查总结》，原件藏广东省档案馆。

③ 原件藏中共中央组织部。

民族政策，坚持了群众观点和群众路线。而有的人却在这一重大问题上忘记了民族政策、忘记了群众的利益，犯了极“左”的严重错误。然而却极不公平地把“地方民族主义”的帽子扣到了王国兴的头上。

苦闷和彷徨

王国兴对于强加给他的罪名很不理解，但是他从大局出发，严肃地对待来自各方面的冲击。1958 年 3 月，他在全州干部大会上做了检查，还写了一份两千多字的检讨书。这份检讨书是他亲手一笔一画、工工整整地写下来的。这对于文化水平很低的王国兴来说是很不简单的事，一笔一画都体现了他对革命事业的负责精神。

在检讨书里，王国兴写了十个问题。他以实事求是的态度一方面严格地解剖了自己，他写道：“在群众和国家利益关系上，我重群众，轻国家，做群众的尾巴，总是向地委反映群众不满的意见，不提要注意国家方面。”另一方面，他对一些不切实际的批判提出了自己的看法。比如有人揭发他私宰两头牛和三头猪，违反了国家政策。他解释说：“我是杀了两头牛、三头猪，但这些猪、牛都是杀后运回自治州，是给大家吃的嘛！”

其实，当时的群众在生活上存在许多困难，粮食少，肉食更稀有。王国兴想方设法地改善自治州工作人员的生活，是完全可以理解的。

有人说王国兴回红毛乡番响村的老家休养是“不服从党的领导”，王国兴非常生气，因为他回家事出有因。

在反“地方民族主义”运动前，广东省开展了一场反“地方主义”运动，矛头直指冯白驹，他被扣上“海南地方主义反党集团头子”的帽子，被撤销了省委书记和常委的职务。这一运动还牵连了一大批海南的老同志。

海南岛还发生了所谓“小匈牙利事件”，把老红军、老党员符英华打成“现行反革命分子”投进监狱。由于符英华当年在临高县最先接待了白沙起义的代表，因而王国兴对他怀有特殊的感情。

以上事件对王国兴思想的震动很大。他看到那些曾经引导他和黎族人民走上革命道路的老共产党员，那些为革命出生入死数十年的老领导被罢官、被开除党籍，他顿足、失声、痛哭地问道："这是为什么?"他向海南区党委一位领导说："这样的革命我干不了啦，让我回家去吧!"他果然打起包袱回老家番响村去了。

回到家后，王国兴终日借酒浇愁，异常沉默。尽管如此，他时刻盼望能有机会向上级党领导一吐衷肠。这就是批判他"不服从党的领导"的依据。王国兴对此提出质疑，他写道："为什么？我在家不是党领导，是蒋介石领导我吗?"

虽然王国兴这时是被批判者，但是他对于不正之风还是坚持原则并给予批评的。有一位民族干部思想作风存在许多问题，王国兴批评了他，他很不满意，曾威胁说要上告，现在也来批判王国兴。王国兴不客气地说："我好好批评他，想让他进步，为什么恨我呢?"在检讨书的最后，他坦率地向党表白："我感到惭愧……青年人进步了，要培养他们……请求党撤我的州党委书记（应为副书记）和州长职务，让我回家。"

伤心和落泪

1958 年 12 月，海南黎族苗族自治州被合并到海南行署办公，州政府迁往远离民族聚居区的海口市，使自治州名存实亡。①

王国兴很清醒地看到，这种实际上撤销民族区域自治的做法是违反党的民族政策的，他伤心地流下了眼泪。他对一些老战友说："我到海口只是吃饭，干不了工作。"的确，过去，他时刻和黎族、苗族人民在一起，了解他们的一切，现在脱离了他们，他能做什么呢?

1958 年年底，在继"大跃进"和农村人民公社运动的所谓高标准、瞎指挥、浮夸风、"共产风"之后，民族地区又发动了"民主改革补课运动"。这一运动把反地方民族主义以来的矛盾更加激化了。

本来在解放以后的土地改革运动中，由于海南黎族苗族自治州存在以下

① 海南黎族苗族自治州的建置于 1962 年 3 月 1 日恢复。

几个方面的具体情况：

一是1947—1948年，五指山革命根据地已经开展过以清匪、反霸为中心的土地改革运动；

二是从黎族和苗族社会发展情况分析，其阶级分化在一些地区还不很明显；

三是土地改革以后，原来阶级矛盾并不尖锐的情况更进一步缓和；

四是原来的地主、富农由于经济上的薄弱，经过多年的劳动生产，成分已经起了变化。

因此，由省委请示了中共中央中南局后，决定通过调整土地、确定地权、发土地证的方式，完成海南黎族苗族自治州的民主改革。

这一措施深得广大群众的拥护。据当时的统计，白沙县和琼中县共有98个乡，白沙县仅划了地主、富农10户，就是这少量的地主、富农也不一定全都划得合适。

正如中共中央中南局在一份调查报告中反映，黎族“社会内部阶级分化不明显，原有的头人有的还需要自己参加主要劳动，有的则与国民党勾结为害，在游击战争过程中已作为地主阶级被打倒了，其与国民党勾结者早已杀掉。这一制度现已不存在了。据反映，现在被划为地主者不少是参加主要劳动的，根据土地法是不能划为地主的”①。

但是在“民主改革补课运动”中，一些同志完全脱离了黎族、苗族地区的实际情况，不注重调查历史状况，不分析民族地区的经济基础，盲目地搬用汉族地区土地改革的经验，将大批同地主、富农阶级挂不上钩的黎族群众划为地主、富农，甚至要在尚未正式定居的苗族群众中抓地主。

据1959年4月12日海南区上报的《关于海南民族地区补课运动情况》②反映，海南民族地区阶级成分划分中的“左”的偏差是相当惊人的。如乐东县的一个公社，总人口为22000多人，地富划了3530人，占16%，在统计所

① 1954年2月16日中共中央中南局统战部长兼民族事务委员会主任张执一同志所做的《关于海南黎族苗族自治区的工作概况和今后的意见》的报告，原件藏中共中央统战部档案室。

② 原件藏广东省档案馆。

谓“反革命残余”的时候，该公社列有伪党、军、政等 15 类之多，甚至把“合亩制”的亩头也列为“反革命残余”，还把其中部分亩头划为地主或富农。[1] 全州在“民主改革补课运动”中被列为斗争对象的竟达 1404 人。[2]

合亩，黎语原称“纹茂”，意即家族。解放前一般叫做“翁堂沃工”或“翁堂打”，意思是“大家一起做工”，或者是“大家的田”。直到解放前夕，五指山中心地带，有 13000 多人口的地区，存在着一种处于解体过程中的原始公社制残余的社会状态，通常被称为“合亩制”。也有学者认为，“合亩制”地区已经开始出现了某些轻微的剥削和阶级分化的状况。对“合亩制”的经济形态，目前仍在探讨中。“亩头”是合亩内负责管理集体生产和分配的头人。皆由合亩内辈分最长者担任。他们一般都参加劳动生产，有些甚至是主要劳动力。

参加白沙起义的大多数头人被划为地富分子，如白沙县白沙乡符松龄兄弟两人的寡妻，曾带领群众参加起义的王老朋、王正立、王元喜等人，甚至连王玉锦、王正成等人都没能例外。

王国兴则更甚，他被划为“大恶霸地主”。其所谓“根据”有几条：

一是“有血债”。指的是他在起义中和起义后，在革命战争年代处决的那些勾结国民党顽固派的奸细、叛徒。

二是“雇工剥削”。其实，王国兴和其他许多黎族群众一样，也收留了在白沙起义中父母双亡的孤儿，还有在战争中负伤到王国兴家养伤的战士，他们在王国兴家里有工同做、有饭同吃。可是这些都被当作他“剥削长工”的例证。如此等等。要知道，红毛乡乃是五指山中心的“合亩制”地区，“合亩制”的特点之一，是集体劳动，成果共享，合亩内成员之间还存在着互助合作的传统。比如合亩成员中有人要修建房屋，其他的成员全都会来帮助。合亩成员有了困难，其他的成员亦会尽其所有，必要时，甚至会出卖合亩共有的土地、牛只，以资相助。合亩各户对于抚养鳏寡孤幼更是义不容辞的，尤

---

① 参见 1965 年 9 月 5 日的海南四清工作总团保亭工作团编《保亭四清简报》中《关于黎族合亩制的一些资料》一文。

② 参见 1959 年 4 月《关于目前海南民族地区补课运动情况》（据海南黎族苗族自治州党委书记赵光炬、副州长林岳川、副州长陈斯德汇报整理而成），原件藏广东省档案馆。

其是对孤幼，他们像抚养自己的亲生子女一样。这是“合亩制”的另一特点。所以，所谓“大恶霸地主”和“雇工剥削”都是莫须有的罪名。

后来，王国兴的“大恶霸地主”成分由海南区党委在请示上级党委后，给予了否定。

心灵创伤

这一时期，民族地区的一系列阶级斗争扩大化的运动，在群众中造成了极坏的影响，给自治州建设造成了极大的损失，给王国兴的精神创伤也是很严重的。

1962年，乌兰夫在给中共中央的一份报告中就提到，1958—1961年的三年里，海南黎族苗族自治州民族干部比例下降了46%。在这份报告里，还谈到民族地区这几年受到损害的情况：“近年来，忽视自治权利的现象相当普遍，个别地方的确损害了少数民族的自治权利，党委代替政府工作的现象也不少……广东省的海南黎族苗族自治州撤销了党的州委，自治州人委搬到海口同海南行署合署办公……”“几年来，受到批判和处分的干部（包括少数民族干部和汉族干部）有相当一部分是搞错了。在反对地方民族主义的斗争中，也有批判过头、斗争过火的地方，在一定范围内或者一定程度上，混淆了两类不同性质的矛盾，使许多少数民族干部不敢讲话，不敢反映本民族的真实情况和问题。”①

王国兴虽然身处逆境，但是他无时无刻不在关注着群众的生活。当时，民族地区也同汉族地区一样刮起了“共产风”“浮夸风”“以粮为纲”“一刀切”，把宜林地、宜牧地取消了。琼中县被划为“千斤县”，搞“万斤亩”“二万斤亩”。王国兴感到很奇怪，他想，黎族地区过去亩产百来斤，增加到二三百斤就很好了。“万斤”“二万斤”是怎么来的呢？他到黎村、苗寨去了

① 中共中央中发（62）322号文《中央批转关于民族工作会议报告》以及乌兰夫、李维汉、徐冰、刘春提交给中共中央的关于《民族工作会议提出的重要问题和我们的处理意见》的报告，原件藏国家民族事务委员会档案室。

解实情，他看了正在收割的稻田，他看了黎族群众的茅屋，他看了群众装谷子的箩筐……他看到了什么呢？箩筐空着，饥饿的人们，水肿的妇女、儿童和老人……而这时的公购粮却有增无减（如琼中县 1957 年人均公购粮 87 斤，1958 年增至 185 斤，1959 年增至 317 斤，1960 年更增至 490 斤）。[①]

王国兴看到群众的生活如此艰苦，他食不甘味、寝不安席，他哭了。他几乎是跑着，从番响村到琼中县人民政府所在地营根村，他闯进县委，对县委书记大喊：“群众在挨饿，你们知道吗？为什么还不发救济粮？再不救济，就要饿死人了！”他就是这样同群众息息相关、和群众血肉相连的。

自此以后，王国兴戒了酒，直至他逝世前，都滴酒不进。他从此既不刮脸，也不剃胡须了，他在苦闷中度过了许多年头。

此后，人们极少听到有关王国兴的消息，甚至王国兴的名字对于自治州年轻的一代也已经变得陌生了。

王玉锦与王正成曾一同到海口市探望王国兴。只见他衣冠不整、心神不宁，那花白的胡须已经有半尺多长。这些迹象表明，他的心情是何等的苦闷。他们对王国兴说：“老州长，您难道不是共产党员吗？您留着这么长的胡子给谁看呢？”王国兴无言以对。

战友们走后，王国兴很不平静，他思前想后，不禁内疚、自责。他想：我是一个共产党员，党有错误，不就和我自己有错误一样吗？我应该和党同呼吸、共命运，我应当振作精神，向错误倾向作斗争，排除干扰，继续前进。我生闷气对吗？我这是在生谁的气呢？他当即拿起剪刀，一剪子就把胡须剪掉了。

人们没有听到王国兴的豪言壮语，只是从生活细节上，可以窥见他那颗水晶般的心灵，即使是在受到误解和委屈的时候，他对党仍充满着深厚的情感。

1962 年，党中央开始在全国范围纠正“左”的错误。海南黎族苗族自治州的建置也恢复了。这时，国家民族事务委员会在北京市召开了会议，王国兴被邀请到会。李维汉代表党中央对他所受的委屈表示道歉，并给予亲切抚慰。王国兴听了顿时激动万分，再次深深感到党对自己的关怀。此后，他振作精神开始工作。

---

① 参见 1962 年赵文元、罗明给广东省委统战部、广东省民族事务委员会的汇报信，原件藏广东省档案馆。

第十五章　在乌云压顶的时候

灾难从天而降

1966 年五六月间，王国兴正闲居白沙县，突然传来了要开展一场大规模的阶级斗争的消息。不久，一场给国家、给全国各族人民带来无穷灾难的“文化大革命”传到五指山这偏僻的山乡来了。

白沙县的许多干部被抓走了，一批批打着革命旗号、喊着革命口号的人将干部们揪出去游街示众、推来搡去、拳打脚踢，就像玩弄一些没有生命的物体。

年已七十多岁的老县长符桂森被挂上了一百个酒瓶子，拉到上百个村子去批斗。符桂森是白沙起义的领导者之一，在“文化大革命”中受尽折磨，被迫在自己的茅屋里悬梁自尽。

全县的一切生产几乎都停止了……

当然，历史是公允的，经历了十年的暴风骤雨，现在，“文化大革命”的污垢、尘埃已被刷去，历史已恢复了真面目。党的十一届六中全会指出：实践证明，发动“文化大革命”既不符合马列主义，也不符合中国实际，既脱离了党的组织，又脱离了广大群众。它不是，也不可能是任何意义上的革命或社会进步，而是一场由领导者错误发动，被反革命集团利用，给党、国家和各族人民带来严重灾难的内乱。

在当时，王国兴就以他对党、对人民的高度责任感，强烈地意识到“文化大革命”是错误的。他对这样的“革命”提出了一连串的质问，他说：

“日月星辰都打乱了，这是怎么搞的？天下到底发生了什么事？”“谁见过革命要革好人的呢？”“领导干部都被抓走了，工作都停了，生产还要不要搞？人还吃不吃饭呢？”

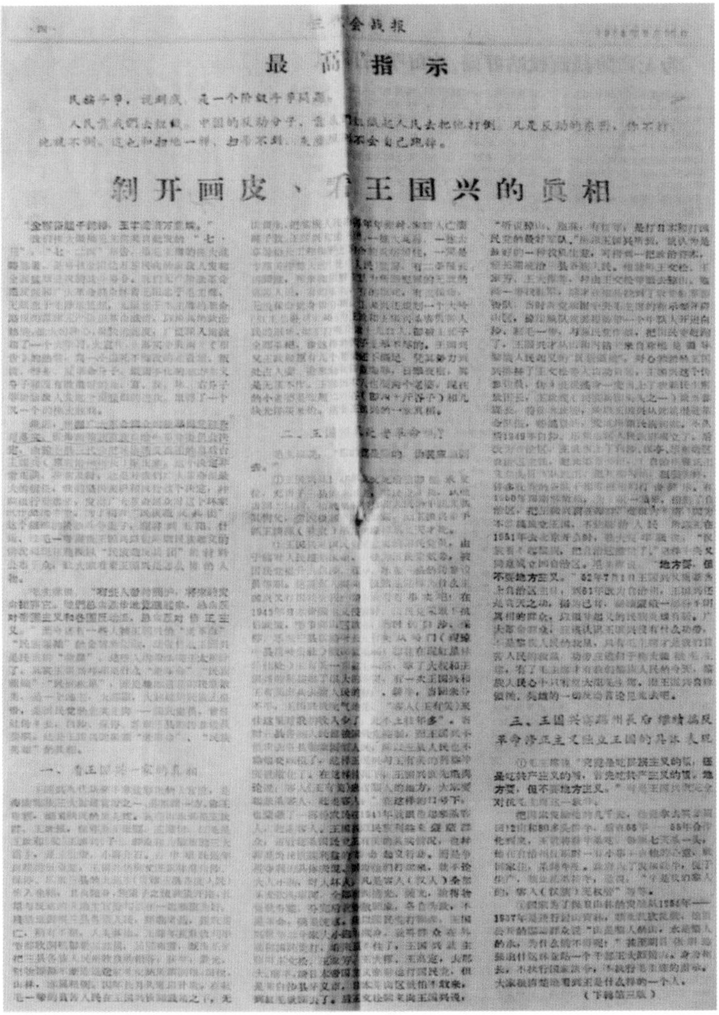
会战报

最高指示

剥开画皮、[illegible]王国兴的眞相

“文化大革命”中给王国兴罗列“反党”罪名的小字报。

王国兴说不出许多大道理，却道出了一个最平凡的真理，那就是：不搞生产就会没有饭吃，人不吃饭是会饿死的。但是，任凭他怎样呼喊，也无济于事。

人们发现，王国兴在他经常散步的地方，快步地兜着圈子，一圈、两圈、十圈、二十圈……

王国兴在白沙县待不下去了，他迁居到琼中县红毛乡番响村的老家去了。善良、淳朴的王国兴此刻万万不曾想到，当他在为党、为国家的前途、为自治州广大群众的命运焦虑的时候，有那么一些人在自治州制造了一起骇人听闻的假案，一个陷害他的阴谋正在阴暗的角落里策划着。

1968 年 9 月 7 日，有人自通什镇打电话到琼中县，电话又转到红毛乡。一辆小车悄然来到番响村外数百米的公路上。有那么一些人避开群众来到王国兴家里，谎称："上级紧急通知：立即到县委去听中央文件。"

王国兴心里暗自产生了希望：党中央啊，快点纠正"文化大革命"吧！但是，他一到县城就被捕了，他被宣布为"自治州最大的走资派""反动黎头""现行反革命"。那些人如狼似虎地将他关了起来。

20 世纪 60 年代中期的王国兴，留起了长长的胡须。

一个阴谋捏造的所谓以王国兴为总后台、以他的大儿子王家贤为总团长兼政委的“民族分裂主义集团”（即所谓“民族造反兵团”）假案，这时已轰动整个自治州，甚至传遍整个海南岛。

王玉锦含冤九泉

疯狂的抓捕开始了。在自治州，许多民族干部被抓、被斗，其中部委办一级的干部有37人被抓，被此案牵连的汉族干部达90余人。王玉锦和王正成也被抓了起来，他们受到非法的严刑拷打。

王玉锦被折磨得遍体鳞伤、血肉模糊，裤子被臀部和腿部的血痂粘连，无法脱下来。在他不省人事的时候，凶手们还强行拉他的手在一份伪造的所谓“民族分裂主义集团”成员名单上按手印。王玉锦清醒过来以后，哭着说：“那份名单是假的。要死就死我一个人，可不能坑害那么一大批黎族弟兄啊……”

王玉锦，这位与王国兴一起共同策划、共同领导了白沙起义的黎族英雄，优秀的黎族老干部就这样被那些打着革命旗帜、喊着革命口号的歹徒们残酷迫害致死。

王玉锦惨死的噩耗传来，王国兴真是肝肠寸断、万箭穿心。这位在对敌斗争中从不屈服的铮铮铁汉，如今面对战友的悲惨遭遇，却不禁老泪纵横、泣不成声。

是啊，王国兴怎会忘记，他一生的战斗历程几乎每一步都是和王玉锦共同走过的。在最艰难的时刻，他们一同面对，风雨同舟，生死与共，不管是胜利或失败，都不弃不离，几十年如一日，休戚与共，血肉相连，是最亲密的战友。

王国兴怎会忘记，当他决心策划起义的时候，王玉锦是最坚定的支持者。他俩一起秘密地串联白沙县各峒的头人，歃血盟誓，共襄壮举。他们一道组织起义大军，制定进攻路线。这时，王玉锦是他最得力的助手。

王国兴和郑放摄于1973年，这是王国兴最后的留影。

王国兴怎会忘记，就在计划起义的前夕，他与王玉锦及一大批头人同时被捕，正当反动派要把他们全部枪决，眼看起义即将被扼杀在摇篮的危急关头，王玉锦临危不惧、巧计逃脱。他刚逃出虎口，就立即组织起一支敢死队，赶在敌人下手之前，实施闪电式劫狱，成功救出了王国兴和一批头人，然后才有了惊天动地的黎民大暴动。

王国兴不会忘记，当白沙起义惨遭血腥镇压，起义队伍面临灭顶之灾的严峻时刻，是王玉锦坚定地支持他做出了找红军、救黎民的决策，在民族存亡的历史关头，黎族人民终于找到了一条正确的民族解放的道路。

王国兴还想起，王玉锦当时带领部分起义队伍在什寒山、尖岭坚持斗争，同他带领的坚持斗争在鹦歌岭的起义队伍遥相呼应，对抗顽敌。

王国兴还想起，当他俩带着起义队伍与琼崖纵队马白山部会师后，服从党的安排，从四支队出发，带领白保乐人民解放团，重返五指山开展游击战的时候，他是团长，王玉锦是参谋长，他们一起并肩战斗。

当白保乐边区行政委员会成立的时候，他们一个是委员、一个是主任委员，一起为抗日战争的胜利，以及五指山革命根据地的建立，再立新功。

当海南黎族苗族自治州成立的时候，他们一位是州长、一位是副州长，一同为自治州的建设出谋划策，贡献良多……

正当他们一道憧憬着要把黎族人民世代居住的五指山区建设成美丽花园的时候……王国兴真的万万没有想到，他的亲密战友，英勇、无畏的黎族英雄王玉锦就这样惨死在暴徒手下。

王玉锦的惨死对王国兴的打击是如此沉重，他悲痛欲绝。

全家陷入囹圄

红毛乡——这个具有光荣传统的山乡，如今被横加所谓支持王国兴进行“反革命叛乱”的罪名，为一片恐怖所笼罩。在一个月里，这里有数百人被抓，其中还有年仅12岁的孩子。在牙寒村，几乎每一户都有人被捕。红毛公社被迫害致死者7人，被摧残致伤、致残者5人，被迫自杀者4人，其中有参加过白沙起义的老人和烈士家属。

王国兴的胞弟王国琼是参加过白沙起义的革命老人，当年已经七十多岁了。暴徒们将他吊起来，连续审讯和毒打几个昼夜，老人不堪忍受这非人的折磨，上吊自尽。他死后，当年的当权者对其家属宣布“三条纪律”，即不准做棺材、不准家人哭、不准村里人帮助埋葬。

王国兴的夫人被拉去斗争，被毒打；大儿子王家贤被抓起来，他满口牙齿被暴徒们打掉了；小儿子被禁止上学；全家被宣布为“反革命家属”，管制劳动。

这时，年高近八旬的王国兴，被关在阴暗、潮湿的囚室里，每天被轮番批斗、罚跪、罚站、罚跑步、挨棍子，受尽折磨。看守他的一些人常将他押出去跑步“锻炼”，不准停步，直跑得老人精疲力竭倒在地上，有些失去人性的家伙竟随意去践踏他……王国兴有病，需要大量饮水，那些人故意刁难，既限制他大小便，又限制他喝水。他渴极时，被迫饮自己的尿……

对于这一切非人待遇，王国兴强忍住了。他对看守的人说：“如果你们是国民党，我早就同你们拼了。可惜，你们不是，我只能忍耐了。我相信总有一天，党会来救我的。”

但是，王国兴对于横加给他的“反党”等政治罪名，一概严加驳斥。

林彪、“四人帮”一伙对王国兴领导的白沙起义极尽诬蔑之能事，在他们杜撰的材料里，将王国兴领导起义的历史歪曲成“王国兴是当时红毛乡伪乡长，在这个事件中有一定关系”，还将白沙起义这一关系到民族存亡的生死斗争说成是“由说笑到认真”。①

一些人完全脱离历史真实，胡诌说：“王国兴起义时，到南京同蒋介石勾结，蒋介石给他100万兵力打回海南岛。”对于这样的“神话”，王国兴轻蔑地回答说：“简直是放狗屁！我们起义的时候，你在什么地方？这些事是蒋介石告诉你的吗？我告诉你，白沙起义是为了打国民党顽固派。这是历史，谁也推翻不了。”

对于污蔑他“反党”的罪名，他嗤之以鼻，说：“我最恨国民党顽固派，所以才领导黎族人民起义；我是在最困难的时候去找共产党，参加革命的。历史已经证明，我热爱共产党，怎么可能反党呢？”

有人诬蔑他：“王国兴要发动红毛公社三万人上鹦歌岭打游击，当土匪。”王国兴气愤地质问道：“红毛公社老少不过万人，我带他们上山当土匪，谁给他们饭吃呢？可见得是造谣。”他痛斥说：“现在是当面造谣的人当官！”

任由那些穷凶极恶的打手们怎样施展手段，王国兴始终威武不屈，既不肯下跪，也不肯低头。

群众巧妙应对

那些人对王国兴无计可施，就转而对红毛地区的其他起义老人和青年民族干部施加压力，企图取得给王国兴定罪的证据。

---

① 参见1970年2月20日自治州三查办公室、琼中县三查办公室、红毛公社革委联合专案组《王国兴专案材料综合》，本文录自琼中县档案馆。

在红毛公社，一位当年参加过白沙起义的老人被诬为“民族分裂主义集团”的参谋长。那些人将他吊打逼供了两个月，硬逼他交出“王国兴反党叛乱”的“罪证”。他们使出了“逼、供、信”的全套手段追问老人：“你快点交出叛乱分子的花名册来!”

也许是由于语言的隔阂，老人好像不懂得什么叫“花名册”，他似乎只领会了一个“花”字，便装聋作哑地说：“什么花呢？几十年都没有谁给白沙起义的死者献过花啊!”

那些人气急败坏地叫道：“谁问你献花不献花，是问你们反党集团的名单。”

老人说：“哦，名单嘛，是有的。”

他们以为老人招供了，赶紧追问：“在什么地方？一定是藏起来了吧?”

老人顺着这话头说：“埋在什寒山上。”

于是，那些人全副武装三次将老人押上什寒山。老人带着他们东游西转、东挖西刨。当然找不到什么名单，他们只见到山上有很多蚂蟥、蚊子，还有毒蛇，只得扫兴而归。第一个回合就这样收了场。

第二个回合是追问王国兴的“反党纲领”。“纲领”这个词在黎语里面原是没有的，他们只得用海南方言音译过去，老人似懂非懂地问道：“什么缸?”

这时，有人企图直截了当地进行诱供：“你们不是准备上什寒山和鹦歌岭打游击吗？你们不是杀鸡歃血盟誓吗?”

老人想起了当年起义的情景，不禁深有感触地说：“是的，是杀鸡饮鸡血酒，发誓杀‘国贼’啊!”

那些家伙不需要老人后面的半句话，紧着追问前半句：“准备好的酒放在什么地方？是不是埋起来了?”

老人说了一个靠近什寒山的村名。于是那些人把老人拉到那个村子去，在一位黎族群众的家里，他们掘地三尺，什么也没有找到，原说这位黎族群众家可能藏了五缸米酒，是准备等王国兴来时，请他喝的。现在，他家里却只有三口破缸，只能用以盛放粮食，而不能装酒了。“纲领”找不到，只得草草收场。

第三个回合更为奇特。他们套用了白沙起义前义士们结盟的仪式，硬栽到王国兴的“反党”活动上去。他们见被关押的“民族分裂主义集团”“骨干分子”们的口供五花八门，没法统一，便将他们全部押解到一起，要搞一个统一的口供。

所谓“骨干分子”，原是被单独关押、单独审讯的。现在他们首次聚会，都不约而同地想同那些“最革命的”人们开一个小小的玩笑。

审讯开始了。

审讯人说：“今天只要你们交代一个问题，就是你们搞歃血结盟的事，杀的是一只什么鸡？谁主持的？”

大家七嘴八舌地说开了，每个人都说“好像是我主持杀鸡的”。有人说那天杀的是一只公鸡，有人说杀的是母鸡，有人说杀的是白鸡，有人说杀的是黑鸡。正争得不亦乐乎，突然一位被专案人员定为“副团长”的黎族青年调皮地说：“他们说得都不对，我记得杀的是一只鸭子。”

审讯人跳起来“啪”地一拍桌子，骂道：“胡说！只听说黎族‘杀鸡饮血’，哪里会‘杀鸭饮血’呢？你不老实！”

那“副团长”不紧不慢地答道：“没有胡说，那天晚上，夜已深了，山上伸手不见五指，杀牲的时候，我用手摸过去，那嘴是扁扁的。不是鸭子，你说是什么？”

他的话音刚落，又半路杀出个程咬金来。另一位黎族青年说：“他们全都记错了，那天晚上没有杀鸡，也没有杀鸭子，而是杀了一只小狗，一只小黄狗，是我亲手杀的哩！”……这一个回合下来，所谓“专案办”里更乱成了一锅粥。

这些事例生动地说明，黎族干部和群众怀着对林彪、“四人帮”一伙的仇恨，怀着对王国兴的深厚情感，巧妙地展开了斗争，暗地里保护着王国兴。

斗争仍在继续

1970 年 9 月，王国兴从囚室出来，改为“监护劳动”了。

在这些年中，王国兴面对灾难，他疑惑不解，他愤怒抗争，他无可奈何，他痛苦万分，最后，他沉默了，他那花白的胡须又有半尺多长了。这是他在

1958 年反“民族地方主义”后，再一次沉默，又一次蓄须。这反映了他无比苦闷的心情。也有人劝他不要留长须，但都被他断然拒绝。

1971 年某月的一天，马白山将军在长子马必前的陪同下，前来看望王国兴。两位老战友在灾难之后相见，格外亲切。两人促膝谈心，有说不完的话。分别前，马白山深情地注视着王国兴，然后淡淡地说：“不要留胡子了，不好看。”

几天以后，马白山将军父子两人又一次走进王国兴简陋的居室，他们看到王国兴已经把胡须剪掉了。

1973 年，王国兴请了两位汉族同志替他写信给周恩来总理，控告林彪、“四人帮”集团对他和其他民族干部残酷迫害的罪行。但是，这封信一直未能发出去。与此同时，他支持王玉锦的夫人邱梅凤到北京市去告状。邱梅凤带着幼子千里迢迢来到了北京市，那还是寒凝大地的年月，她找不到周总理，又找不到熟人，只得失望而回。当“反击右倾翻案风”开始的时候，王玉锦的夫人上京告状被当作自治州“翻案风”的典型。王国兴当然成为“翻案风”的“黑后台”了。

1974 年 8 月，在上级党委有关部门的敦促之下，对王国兴的“监护”被解除了，他被任命为海南黎族苗族自治州革委会副主任。

但是，在一些人的头脑里，这时仍然还没有“民族政策”这四个字。林彪、“四人帮”长期以来在民族工作上设置的“禁区”还严重地禁锢着人们的头脑。在这一“禁区”里面，讲民族问题、民族化、民族特点和民族差别，就会被诬为“取消阶级斗争”“抹杀民族问题的阶级实质”“反对共产主义化”“制造民族矛盾”，甚至说民族区域自治是“人为地制造分裂”，任意剥夺少数民族的自治权利。

在海南黎族苗族自治州，连穿民族服装也是非法的。黎族姑娘爱穿的美丽的筒裙，是千百年来流传下来的，也被当作“黄色的”“超短裙”被禁绝了。

因此，王国兴虽然被任命为自治州革委会副主任，但是不允许他回通什镇居住，对他的生活也没有照顾。他粮食不够吃，自己到街上买番薯，多半是生沙虫的，也只好全吃下去；他生病了，没有人陪他去看病；他的宿舍更无人问津。那里可称之为名副其实的“陋室”“寒舍”，门窗破烂不堪，是王国兴用纸皮横七竖八地钉上去的；一张“办公台”只有三条腿，斜靠在墙上；一张藤椅，坐垫中间破了一个大洞；床板是虫蛀的烂板拼起来的，睡在上面翻身时，会发出“吱吱”的响声，有一个夜晚，老人一翻身，“啪——”床板折断，他摔在地上……

黎族干部对此非常不满。他们对王国兴说：“老州长呀，您是有功的人，您不该受这份罪啊！”

有些老朋友去看望王国兴，看到这种情形，都认为这样对待一位少数民族老干部太不应该了，便向有关领导反映。但是得到的结果却是，王国兴一次又一次被“训话”。他为了安静，只得求老战友们“少管闲事”。他说：“我可以过得去，你们何必要去惹麻烦呢？”

的确，王国兴对生活的要求并不高，但是他对政治生命看得很重。他一次次找自治州、海南区有关部门，找广东省委统战部管民族工作的干部①，要求给他做历史结论，要求给他平反。

当然，那还是在“文化大革命”中，他的这一要求直至他去世都未能实现。

向故乡告别

自“文化大革命”以来，王国兴的身心受到严重摧残，体力和精神都大不如前了，他自己似乎有一种预感，觉得时间不多了，他强烈要求回自治州去走一走、看一看。

1974 年年底，王国兴实现了回自治州的愿望，一辆小车将他送往自治州参观。这是他最后一次故乡之行，一个多月以后，他就永远地同人们告别了。

在保亭县，王国兴参观了纺织厂、农机厂和预制构件厂。当他看到黎族

① 广东省民族事务委员会在“文化大革命”中被撤销了，后在广东省委统战部成立了民族处，负责民族事务。

女工站在织布机前织布的时候，非常激动地说："我们自治州也有织布厂了，我们的民族工人也会用机器织布了！"

当王国兴看到一部卷板机能把很厚的钢板卷起来，打压成各种形状的钢管，还能压成电站用的压力管时，竟像小孩子似的拍着手掌叫好。他向陪同参观的民族干部说："你们不会忘记吧，过去我们民族地区连铁钉也没有，现在用机器刨铁了，真好啊！"

在预制构件厂看到破碎机在咆哮，王国兴笑着叫道："你们看，这家伙真厉害，那么大块石头都能咬碎。"他极有兴趣地看了用水泥做电线杆。回家以后，他对大儿子王家贤说："保亭县预制构件厂可以用水泥做电线杆，以后不用砍树做电线杆了，可以节省很多木材。"可见，他是十分爱惜森林资源的。

王国兴兴致勃勃地走了八个县。人们自"文化大革命"以来第一次见到他，心情都很激动，大家纷纷向他问好，抢着留他吃饭。每当人们向他敬酒的时候，他就说："我已经十多年不喝酒了。今天大家高兴，来，我以汤代酒同你们干一杯！"他又对大家说："人总是要老、要死的，我恐怕是最后一次来看望你们了，我希望你们以后不要搞什么派，要团结，这样才能把我们自治州建设好！"

80岁高龄的王国兴确实是预感到自己不久于人世了，他是那么恋恋不舍地离开了自治州。他久久地、深情地环顾着白沙县的山山水水，在返回海口市的路上，他几乎是一步一回头……

王国兴怎能不留恋呢？在那里，他度过了无数的峥嵘岁月；在那里，埋葬着他的许多亲密战友；在那里，生息、繁衍着他一生为之鞠躬尽瘁的同胞们；那里的山山水水，无不印记着他革命生涯的足迹，寄托着他对民族地区繁荣、昌盛的希望。今天，他也许将要永远离开这熟悉的、用整个生命去爱的五指山大地了，难怪他的步履是那样的艰难！

从自治州归来，王国兴便一病不起。海口市医院怀疑他患了癌症，他在大儿子的陪同下，前往广州市检查。

在广东省肿瘤医院，由于王国兴的介绍信上填写的职务是自治州革委会副主任，也许，按规定这一级还不能"特诊"，所以王国兴从一大早等到下午，直到省委组织部开具了证明，说明他是九级干部以后，才被收入病房。他并没有因为自己身为民族领袖受到如此冷遇而有什么不耐烦，他没有说一句话，更没有给医护人员添一点儿麻烦，他安安静静地在医院的走廊里等了一个上午和一个中午。当省委领导前来探望时，他为自己惊动了领导感到不安。他说：“海口市的医生怀疑我是癌症，来广州市检查一下，你们不用来看我啊！”

经过确诊，王国兴患了肝癌，已是晚期。他的儿子抱着一线希望，提出到北京市治疗的请求。当组织征求他的意见时，他笑着说：“不用了，俫回海南岛去。”

最后的嘱托

1975 年 1 月 7 日，王国兴在海口市与世长辞。

这位 81 岁的老人，在弥留之际都想了些什么呢？

他对前来探望的各级领导说：“我的工作没有做好，我死得太早了。”

他对前来探望的广东省民族事务委员会原副主任陈石说：“老石哥①，什么时候能恢复民委呢？我们民族地区需要帮助啊！”②

他对白保乐人民解放团原副团长郑放说：“我很想去看看老朋友们，那些同我一起起义的老朋友，有些还戴着‘反革命’的帽子，我怎么能安心呢？”

他对儿女们说：“你们一定要记住，没有共产党，就没有黎族人民的解放，你们要相信党，要团结汉族干部，要努力学习、努力工作，把自治州建设好。”

这些就是王国兴留给后人的最后的嘱托。

难道王国兴没有私事要吩咐么？应该是有的。

王国兴的前妻和夫人一向是靠他供养的，他的七个子女，除老大是国家干部外，其余都有待安置：二儿子是公社民办教师，三儿子因病残疾，小儿子和小女儿在读书，两个女儿生活在农村，生活异常贫困，他的外孙没有裤子穿……然而，王国兴对此没有说一句话。

---

① 王国兴一贯非常尊重汉族干部。陈石同志比他年轻十多岁，但他一贯称之为“石哥”，表示尊敬。

② 广东省民族事务委员会于 1969 年 12 月被撤销，1978 年 12 月恢复工作。

这最后的嘱托是王国兴无私的一生最生动的写照，无需任何润色，人们窥见了一颗朴实、高尚的心。

在这最后的时刻，他曾经请求，在他去世之前希望参加过白沙起义的老人来看看他，然而他的这一希望没有实现。他的子女同他的老战友们拟了一份名单，希望能让那些参加过起义的老人来向王国兴的遗体告别，也被拒绝了。

那还是阴云密布着祖国大地的年代，五指山上仍是乌云压顶，王国兴就这样怀着对党、对民族的前途和命运的深深忧虑，离开了人间。

自治州的广大干部和群众含着眼泪、怀着悲痛，在沉默中送别了他们的老州长，五指山的密林在呜咽，南渡江的波涛在哭泣，它们在哀悼这位不朽的英雄！

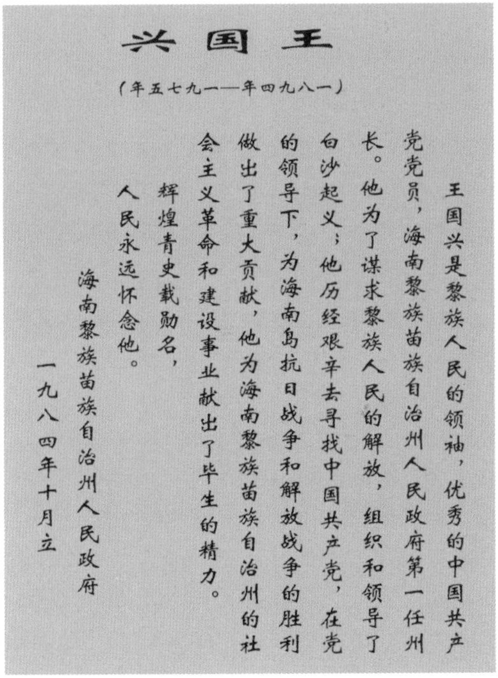

1984 年 10 月，海南黎族苗族自治州人民政府为王国兴立碑，以志永久纪念。

永不熄灭的火光

乌云总是会慢慢散去的。王国兴去世一年多以后，给全国各族人民带来深重灾难的“四人帮”终于垮台了。

在清查“四人帮”的时候，有人以“清查”为名，又一次非法地抄了王国兴的家。他们从他在通什镇的大儿子王家贤那里开始，一直抄到他的老家红毛乡番响村，抄走的所谓“罪证”竟然是王国兴写给周恩来总理的那封控告书。

王国兴的家属惊悸之余，连夜将他的骨灰从家里转移。在那个漆黑的夜晚，王国兴的二儿子王刚和四儿子王家森，悄悄地将父亲的骨灰埋在一个他们叫不出名字的小山坡上。

在那动乱的年代，这个杂草荆棘丛中的小土包曾是王国兴的墓地。

在那杂草和荆棘丛中，有一块小小的麻石，麻石上点着一个小小的红点，在那块麻石的后面是一个圆形的小土包，这便是王国兴的墓。没有墓志，没有碑文，没有花，只有草，它恰似王国兴的一生，朴素无华。

但是，萋萋荒草岂能掩盖黎族人民这位一代英豪亘古不灭的火光？这火光曾经引导黎族人民走向革命的光明之路，这火光曾经闪烁在海南黎族苗族自治州的建设事业里。黎族群众都说："没有共产党，就没有俫黎家的翻身解放；有了王国兴，俫黎家才找到共产党。俫黎家永远怀念他。"是的，王国兴是不灭的火光，将永远闪耀在黎族人民的心中。

1981年秋，笔者在王国兴的家乡——红毛乡番响村访问时，为他们全家拍下这张全家福。背后是他们的住房——黎族传统的船形茅屋。

历史总是前进的。党的十一届三中全会以后，自治州党委已经为王国兴平反昭雪。他当年没有能发出的那封给周总理的控告书，已经由他的儿女们向党中央作了报告。[①]

---

① 这封控告书是由黎族老干部、全国第三届人大代表、全国第三届妇联执委、海南黎族苗族自治州原妇联主任王妚东大姐亲自到北京市，呈交党中央的。

党中央有关部门在复信中指出：王国兴等同志（指包括王玉锦、王正成）是优秀的少数民族干部和老同志。同时还指出，他们在长期的革命斗争中，做出过重要贡献，他们在“文化大革命”中，受林彪、“四人帮”的残酷迫害，含冤死去，是我们党的一大损失。[①]

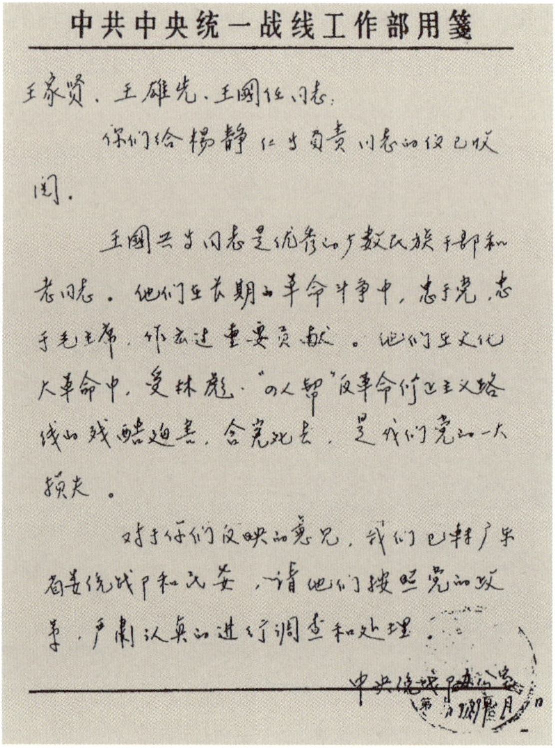
中共中央统一战线工作部用笺

王家贤、王雄先、王国任同志：

你们给杨静仁同志的信已收阅。

王国兴等同志是优秀的少数民族干部和老同志。他们在长期的革命斗争中，忠于党，忠于毛主席，作出过重要贡献。他们在文化大革命中，受林彪、“四人帮”反革命修正主义路线的残酷迫害，含冤死去，是我们党的一大损失。

对于你们反映的意见，我们已转广东省委统战部和民委，请他们按照党的政策，严肃认真的进行调查和处理。

中央统战部办公室

中共中央统一战线工作部的复信。

国务院副总理、国家民族事务委员会主任杨静仁在视察海南黎族苗族自治州的时候，接见了王国兴的夫人及其子女，代表党中央给予了亲切抚慰。国家拨出专款，为王国兴的家属在红毛乡番响村新建了一所住宅，以志永久纪念。

① 党中央有关部门的这封复信，是写给王国兴的大儿子王家贤、王玉锦的儿子王雄先和王正成的儿子王国任的。

在党的十一届三中全会后，国家拨出专款，为王国兴的家属在红毛乡番响村新建一所住宅。

海南黎族苗族自治州对所谓“民族分裂主义集团”一案已经正式予以平反，其他冤假错案也正在逐步平反落实当中。对王国兴不能忘怀的白沙起义尚存的革命老人，各级组织正在给予妥善的安置。

从中央到地方的各级民族工作机构已经全部恢复了，党中央对于民族工作特别关怀，党的十一届六中全会重申了党的民族政策，指出：“改善和发展社会主义的民族关系，加强民族团结，这对于我们这个多民族国家具有重大意义。”“必须明确认识，现在我国的民族关系基本上是各族劳动人民之间的关系。必须坚持实行民族区域自治，加强民族区域自治的法制建设，保障各少数民族地区根据本地实际情况贯彻执行党和国家政策的自主权。要切实帮助少数民族地区发展经济文化，努力培养和提拔少数民族干部。坚决反对一切破坏民族团结和民族平等的言论和行为。”①

以上的一切正是王国兴生前所日夜盼望的。

目前，海南黎族苗族自治州正在发生一系列深刻的变化，一幅瑰丽无比

① 《中国共产党中央委员会关于建国以来党的若干历史问题的决议》，北京，人民出版社，1981。

的前景已经展现在自治州各族人民的面前。王国兴生前无比眷恋的五指山已是朝霞满天，自治州人民在中国共产党的领导下，正满怀信心，为把我国逐步建设成为现代化的高度民主、高度文明的社会主义强国而努力奋斗！

永远是春天的五指山，明天必将更加美丽、富饶。

王国兴当年死不瞑目，今天定当含笑九泉。

黎族人民英雄的儿子王国兴永垂千古！

2019 再版后记

当得知海南省为了庆祝中华人民共和国成立 70 周年要再版《黎族人民领袖王国兴》一书的时候，我很高兴。在修订再版的过程中，我得知党史人物的传记只能记载他本人从出生到离世的史实，而他离世后的一切都不应该列入他的传记，所以在此次再版时，删除了“三十三年后”这一章。“三十三年后”这一章是 2009 年时，我应海南省民族宗教事务委员会和王国兴的长子王家贤的要求，专门撰写的有关王国兴逝世 33 年以后，特别是海南建省以后发展、变化的情况。同时，在这里，我还要感谢海南省党史办和琼中黎族苗族自治县史志办指正了使用调查资料的不当之处。

在此要感谢海南省民族宗教事务委员会在再版《黎族人民领袖王国兴》一书的过程中，做了很多细致的工作，展现了非凡的责任感，令人钦佩。王艳同志从 2009 年再版到现在的 2019 年再版，非常热心、细心、负责的精神，令人感动。

这次再版还展现了近年来海南省政府相关部门在全岛各个历史事件发生地，增设的纪念白沙起义、起义代表和共产党代表歃血结盟以及纪念王国兴同志的多座雕塑。在这里要感谢这些雕塑的作者雕塑家李刚、陈学博提供了这些精美的雕塑照片，为本书增色不少。

此外，我还要感谢新老同事们——广东省民族宗教研究院的多位领导和同志，他们非常热心、认真地审阅稿件，指出错漏之处。

令我非常感动的是民族出版社的责任编辑张宏宏同志，因为我希望这一次再版做到让读者看到的是经过许许多多王国兴的老战友们审阅的版本，她非常耐心、细心地一次次帮助我调整、更正。

这次再版时，琼崖纵队的几位领导的子女非常关心：司令员兼政委冯白驹的女儿冯尔敏提供了她父母早年的合影；副司令员庄田的儿子庄祝胜给我送来了吴基林撰写的《庄田将军传奇》一书，为本书增补了有关庄老当年带着党中央“建设五指山革命根据地”的指示从延安到海南的千难万险的经历的内容；副司令员马白山的儿媳戴秀丽给我寄来马老的长子马必前编著的《浴血天涯马白山》，为“迎接大军解放海南”这一单元增添了不少宝贵的资料；副政委兼政治部主任黄康的两位儿子黄捷年、黄幸人向我详细了解了本书再版的状况。这几位革命前辈的后代如此关心本书的再版，是在告诉我们，革命前辈的伟业薪火相传。

王国兴以他毕生的经历揭示了一个真理，那就是：我们56个民族的大团结是我们中华民族的生命所在、力量所在、希望所在！这也就是我们一再再版这一本王国兴传的意义所在吧。

2019年4月15日于广州市

2009 年再版后记

今年 3 月我获知，中共海南省委、省政府的领导以及几位黎族老干部，决定要将二十多年前出版的《黎族人民领袖王国兴》一书尽快再版。

他们认为，这本书所记述的不仅是黎族人民的杰出代表王国兴的一生，而且也反映了海南各族人民在中国共产党的领导下联合战斗，反对共同的国内外敌人，共求解放以及共同建设伟大祖国的历史。正值伟大的中华人民共和国成立 60 周年之际，再版此书，可以为加强民族团结教育、加强爱国主义教育和对青少年一代进行革命传统教育提供生动的教材。

为此，我再赴海南省来到王国兴的老家红毛乡番响村。非常意外的是，找到了原以为早已散失殆尽的王国兴手迹，这是由王国兴的二儿子王刚用心保存下来的。同时还有王国兴读过并珍藏的历史文献和书籍等。由于《黎族人民领袖王国兴》在前两次出版后，因人事变动等原因，原来的不少资料与照片全部散失，所以新发现的王国兴手稿和书籍文献便更显珍贵。

趁此次再版的机会，《黎族人民领袖王国兴》中某些史实的细节，亦由王国兴的子女以及琼崖纵队老前辈的亲属加以补充和丰富，所以此次再版的《黎族人民领袖王国兴》要比前两版更为充实。

《黎族人民领袖王国兴》的再版是在海南省副省长符跃兰，全国人大原常委王学萍、全国政协原常委王家贤的指导下，在海南省民族宗教事务委员会、海南省委党史研究室、海南旅游局等单位的协助下，以及广东省民族宗教事务委员会、广东省民族宗教研究所、广东革命历史博物馆档案室等单位的帮助下顺利完成的。

此书再版还得到了中共海南省三亚市委、市政府领导以及中共海南省陵水黎族自治县县委、县政府的鼎力支持，在此深表谢忱！

2008 年 10 月于海口市

1983 年版后记

这本王国兴传记是在许多革命老前辈的关怀，以及在从事民族研究老前辈的指导和黎族人民的支持下完成的，全书的字字句句无不渗透着他们的心血。

当本书的征求意见稿写出来以后，中共中央统战部副部长张执一和副部长兼国家民委第一副主任江平两次接见了我，对我给予了极大的鼓励，并对书稿的修改做了重要指示。

广州市的海南老干部，中共海南区党委、中共海南黎族苗族自治州党委都分别召开了座谈会，对本书稿的进一步修改提出了非常宝贵的意见。1981 年 1 月，初稿在《琼岛星火》第六期全文刊出以后，在海南岛，特别是在海南黎族苗族自治州引起了强烈反响。我收到了许多信件，一些海南的老红军和黎族群众告诉我，他们在读的时候流下了激动的眼泪。为了帮助我进一步将这本书稿修改好，在一封封长达数千字，甚至上万字的书信里，海南老党员、老红军，王国兴的老战友们对书中的历史事实、年代、人名、地名都不厌其烦地逐点加以核实。

更为重要的是，他们反复向我阐述了这样的道理：人们赞扬王国兴的道路、王国兴的精神，实际上就是在赞扬英雄的黎族人民的整体，是在赞扬中国共产党领导下的黎族人民的光荣革命史绩，是在赞扬黎族人民和汉族人民团结战斗的历史，是在赞扬我国各民族人民共同的伟大事业。通观王国兴的道路，回顾白沙起义的战斗历程，历史向我们展示了这一真谛，那就是，在中华民族的整体事业中，汉族和少数民族是互相依存的，汉族和少数民族是亲兄弟，汉族和少数民族谁也离不开谁。

曾任全国妇联常委、执委的海南黎族苗族自治州原妇联主任王妚东大姐是黎族妇女中最早参加革命的老同志，她看了《黎族人民领袖王国兴》初搞以后，激动地对我说：“当年如果没有共产党，黎族人民将遭受灭族之灾，我们要永远记住这个历史，要永远坚定地跟着党走，因为是王国兴带领我们黎族人民找到了共产党，我们将永远怀念他。”

黎族和汉族老前辈们的教导加深了我对王国兴的理解。正是基于以上的认识，在印出征求意见稿后的一年多时间里，我再次重访了五指山，并又一次听取了海南岛老干部们的意见，然后反复做了多次修改，力求将王国兴的形象真实地再现出来。

广东省民族事务委员会、广东省《民族问题五种丛书》编写领导小组和广东省民族研究所在书稿修改的过程中，曾多次召开审稿会议。省民委主任黄康是琼崖纵队原副政委，早在 20 世纪 40 年代就与王国兴建立了战斗友谊，广东省民委副主任、广东省《民族问题五种丛书》编写领导小组副组长陈夏苏，广东省民族研究所所长黄朝中和副所长刘耀荃都非常关切，他们不仅对全书的历史观，而且对全书的结构、表述方法，以至于措辞都认真地推敲、反复地斟酌。

以上所有领导的认真、负责的精神以及他们的民族政策观念，他们对少数民族的深厚情感使我深受感动、深受教育。假如将这本书比作一座桥的话，那么伫立在激流之中，承载着桥身重力的桥墩正是他们。因此，我要借此机会向所有对《黎族人民领袖王国兴》的撰写和修改工作给予了无比热情的鼓励、支持、指导和帮助的老前辈们表示我最深切的感谢。

在此还要深切感谢张执一副部长、庄田将军和马白山将军为《黎族人民领袖王国兴》写了序言。庄老和马老是琼崖纵队原副司令员，在战争年代，他们曾经与王国兴同甘共苦地战斗在五指山区，他们对王国兴走过的道路是非常熟悉的。张老到中央工作之前，曾任中共中央中南局统战部长和中南民族事务委员会主任，当年同王国兴交往非常密切。这三位汉族老干部都是王国兴的老朋友，是王国兴生前十分信赖的共产党员，他们怀着如此深情给王国兴的传记写序，充分体现了黎族和汉族之间无比深厚、诚挚和可贵的情感，同时也充分体现了党的民族政策的光辉。正如张执一副部长所说：“如果王国兴还活着，定当扶杖以观太平！”

1982 年 9 月于广州市

1981 年版后记

给黎族领袖王国兴同志写传记，是中共中央统战部几位领导同志在 1980 年 6 月提出来的。这也是 74 万黎族人民的心愿。当笔者赴黎族地区调查之时，黎族群众闻之，无不欢欣鼓舞。

参加过白沙起义的老人，深情地回顾了当年叱咤风云的战斗经历；王国兴的夫人王爱英及其子女向笔者叙述了王国兴的生平、思想作风、家庭和生活；王玉锦、王正成的家属以及许多在自治州工作的黎族、苗族和汉族的干部都热情地提供了许多宝贵的资料，在调查中，他们跋山涉水、不辞辛苦地热心当向导；当年曾经同王国兴共同战斗过的老战友们为笔者提供线索、提供资料、召开座谈会，给予了极其热情的帮助。特别是中共中央统战部张执一副部长、广东省民族事务委员会、海南区党委、海南黎族苗族自治州、海南军区政治部以及广东省民族研究所的领导对本书的指导思想、重大事件、人物评价、民族风俗等方面都给予了悉心指导，他们在本书的调查和写作的全过程中，给予笔者极其热情的支持和鼓励，提供了各种方便。

本书写作时，参阅了全国人大民委广东少数民族社会历史调查组的有关资料和中南民族学院少数民族文物陈列馆编印的《海南黎族情况调查》以及马白山、王昌等有关白沙起义的回忆录，并承中共中央统战部档案室、国家民族事务委员会档案室、中共中央组织部、广东省委组织部、广东省档案馆、海南区档案馆、海南黎族苗族自治州档案馆、琼中县档案馆、广州市广东革命历史博物馆、广州市党校马列主义教研室、海南黎族苗族自治州民族文化研究室、海南行署民族事务委员会、海南图片社、海南科技图片社以及海南党史研究小组工作室、《琼岛星火》编辑部等单位的积极支持和协助。

如果没有以上的条件，要写成这本书是不可能的，谨此深表谢忱！

1981 年 9 月初于广州市，11 月修正于通什—海口

敬告读者

本书收录的黑白照片大部分是从1981年海南《琼岛星火》出版的《黎族人民领袖王国兴》中复制的。因当时的印刷条件所限，这些照片均影像粗糙，模糊不清，原底片又在1981年、1983年两次出版后全部散失，而且有些照片是1980年、1981年所摄，现已无法重拍。影像中的人物是白沙起义和琼崖党政军进入五指山这段历史的见证人，现收入本次再版的书中，以表达我们对所有这些历史人物的深深的敬意与怀念！

图书在版编目（CIP）数据

黎族人民领袖王国兴/中元秀著．—北京：民族出版社，2009.12（2019.8重印）

ISBN 978-7-105-10463-5

Ⅰ．黎…　Ⅱ．中…　Ⅲ．王国兴—生平事迹　Ⅳ．K827＝6

中国版本图书馆CIP数据核字（2009）第224508号

黎族人民领袖王国兴

策划编辑：欧光明
责任编辑：张宏宏
封面设计：东方乾坤文化传媒
出版发行：民族出版社
社　　址：北京市和平里北街14号　邮编100013
电　　话：010-58130917（编辑室）
　　　　　010-64224782（发行部）
网　　址：http://www.mzpub.com
印　　刷：北京盛通印刷股份有限公司
经　　销：各地新华书店
版　　次：2009年12月第1版　2019年8月北京第2次印刷
开　　本：787毫米×1092毫米　1/16
字　　数：250千字
印　　张：14.5
定　　价：85.00元
ISBN 978-7-105-10463-5/K·1884（汉1025）